〔意〕贝内德托·克罗齐（Benedetto Croce）\著

田时纲\译

社科文献学术译库

美学纲要
美学精要

BREVIARIO DI ESTETICA
AESTHETICA IN NUCE

社会科学文献出版社

SOCIAL SCIENCES ACADEMIC PRESS (CHINA)

Benedetto Croce

Breviario di estetica

Aesthetica in nuce

《美学纲要》根据意大利 Bibliopolis 1991 年版译出；《美学精要》根据意大利 Editori Laterza 1979 年版译出。

纪念克罗齐诞辰 150 周年

《社科文献学术译库》 出版者话

中国现代哲学社会科学的发展是同解放思想，改革开放，吸收世界各国的先进文明成果密不可分的，其中国外优秀学术著作的引进、译介和出版成为一个重要的组成部分，发挥着前导、推动和促进的作用。对于欧美现代哲学社会科学的引进和译介可以追溯到1839年林则徐组织翻译的《四洲志》和1842年魏源汇编的《海国图志》。但较为系统地介绍和传播西方学术文化及其方法论和世界观，则肇始于19世纪末和20世纪初，其代表人物是严复、梁启超、蔡元培和高君武等一批著名思想家。他们的学术活动和对于译著的积极倡导，取得了丰硕成果，为中国的民主革命运动做了舆论和理论准备。毛泽东在《论人民民主专政》中把严复与洪秀全、康有为、孙中山并列，称之为"代表了中国共产党出世以前向西方寻找真理的一派人物"。而马克思主义经典著作的引进和译介在中国革命历史上的丰功伟绩更不待言。毛泽东曾经称赞《反杜林论》的译者"功不在禹下"。早在延安时代，中共中央就作出了"关于翻译工作的决定"。回顾从清末民初到"五四"运动，从中国共产党建立到20世纪30年代，从抗战胜利到中华人民共和国的诞生，从共和国初期到"文革"前夕，从"拨乱反正"到改革开放，从反对教条主义和极"左"思潮到今天的文化和学术的进一步繁荣的整个历程，体现了"解放思想、实事求是、与时俱进"作为马克思主义精髓的伟力，同时也可以看到国人的思想解放、心智跃升与哲学社会科学领域里的国际交流、吸纳、融合、批判、抵御和斗争形成一种密切的互动态势。

社会科学文献出版社以"创社科经典、出传世文献"为己任，在创建之初就把编辑出版反映当代国外学术思潮，特别是马克思主义的发展、哲学社会科学新兴学科、边缘学科及跨学科研究等学术动态的译著，作为其重点之一，先后推出了《社会理论译丛》、《资本主义研究丛书》、《政治理论译丛》、《当代西方学术前沿论丛》、《全球化译丛》、《阅读中国》等系列丛书，单书品种达300有余，产生了广泛的社会影响，形成了自己的品牌特色。本着选择精品，推陈出新，持之以恒的精神，以及权威、前沿、原创的原则，以

20 周年社庆为契机，我们在整合、提升和扩充既有资源，开拓创新的基础上，隆重推出《社科文献学术译库》，作为奉献给学术界和广大读者的新礼物。

《社科文献学术译库》作为一项长期的系统工程，力求展示三方面的主要特色。其一是时代意识。众所周知，20 世纪特别是第二次世界大战结束以来的半个多世纪中，在科学认识的普遍进步和一浪高过一浪的科技革命的推动下，国际学术界思潮迭起，此消彼长，哲学社会科学经历着不断分化和整合的过程，无论在理论和方法论方面，或者在研究的方式、工具和手段上，都发生了革命性的变革。《社科文献学术译库》将突出当代的这种革命性变革，把译介比较系统、深入地梳理和论述这种变革的富有代表性的著述，当做首要的努力方向。

其二是问题意识。哲学社会科学领域里的理论内容的突破，引起理性认识和理论思维的基本方式的改变，促使科学认识中自觉的主体性原则日益突出，并导致整体认识论与个体认识论的融合，使人们有可能以具体化和定量化的方式来描述世界的普遍联系，从而要求学科知识本身的不断革新，学科之间——不仅是哲学社会科学本身的各个学科之间，而且包括哲学社会科学与自然科学的各个学科之间——的开放和广泛合作，以及问题意识、跨学科意识和应用意识的不断加强。《社科文献学术译库》将以问题、思潮及其代表人物为主线，打破学科的单一界限和分类，整合成多个系列，突出理论和方法论研究本身的多重视角。

其三是开放意识。科学发展的意义本质上在于从不知到知的飞跃，逐步超越认识的局限性和相对性，不断接近客观真理。开放性成为一切科学研究的显性特征，尤其是在科学技术飞跃发展，社会变革不断深化，全球化浪潮席卷世界的今天。《社科文献学术译库》坚持在马克思主义理论和方法论指导下的开放和兼容并蓄的编辑方针，促进不同学派之间及每个学派内部的不同观点的对话和讨论，激励新见解、新观点和新思想的涌现。同时，在学科的类型布局上，也不拘泥于传统的范围和分类，更加侧重向多学科和跨学科综合性研究及著述开放。

我们将始终坚持把"弘扬科学精神，服务理论创新，译介世界精品，借鉴先进文明"作为编辑《社科文献学术译库》的基本理念。殷切期望学术界同仁、专家学者以及广大读者给予支持，不吝赐教和指正。

社会科学文献出版社

2005 年 6 月

目　　录

美学纲要

美学精要

美学纲要

说　明

　　构成《美学纲要》的四篇讲义，是我为赖斯学院（得克萨斯州新大学）庄严的落成典礼，应院长爱德华·洛弗特·奥德尔（Edgar Lovett Odell）教授之邀于 1912 年撰写的，1913 年用意大利语发表。在这些讲义中，我浓缩了以前同一论题著作的诸多最重要概念，同《美学》① 相比，对它们的陈述更加明晰，使得它们之间的联系更加紧密。因为那是我首部哲学专著，有些不确切之处，故对第一次尝试进行梳理也很自然。其后，1916 年我撰写了美学史论文，想要纠正上述专著② 历史部分凸显的不妥之处，一位德国批评家说得好，那部分显得"清澈明朗却多少生涩"，我很快发现该评论，并心悦诚服——认作真理。其他论文是对美学问题的扩展和深化，使抒情直觉及艺术创造的理论、批评及文艺史的方法论更加充实。由于美学问题研究同整个哲学其他部分，尤其同逻辑学及认识论密不可分，我觉得将学术笔记放在附录中合适，它用新观点澄清概念，在进行哲学思维时我遵循此概念。

　　如果人们总要求助于我的首部《美学》，那么为了批判和超越自然主义的、理智主义的、肉欲主义的、道德主义的、心理学的、语文学的及诸如此类的美学，为了批判并超越由上述美学派生出的诸多偏见，我也要回顾它。在本书中澄清了艺术直觉的抒情性及普遍性，并概述了反社会学的艺术史观：当然，这些学说没有脱离首部《美学》，但在那儿它们刚刚展开或稍露端倪，因为那时我有更紧迫之事要做：要由我从美学研究园地拔除狗牙根和其他野草，再播下良种，现在它已开花结果。

那不勒斯，1919 年 7 月

---

① 指克罗齐 1902 年出版的专著《作为普通语言学和表现科学的美学》。
② 指《作为普通语言学和表现科学的美学》。

一　"什么是艺术?"

什么是艺术? 对此问题可以开玩笑地回答（但不是个愚蠢的玩笑）：艺术是所有人都知道的东西。确实，如果人们不以某种方式知道它是什么，也就不会提出这一问题。因为一切问题都包含对它所问及所指东西的一定认识，因此每个问题都被限定和了解。如下事实证明此点：人们往往听到哲学和理论的非职业人士对艺术发表正确、深刻的见解。他们中有普通人，有不爱推理的艺术家，有天真烂漫之人，甚至有平民百姓。他们的看法有时暗含在对各个艺术作品的判断中，有时甚至采用格言和定义的形式，从而发人深思：让每个自以为"发现"艺术实质的傲慢哲学家脸红，只要把从普通书籍中摘抄的命题放在他眼前，或者让日常对话中的格言警句在他耳边回荡，让他了解他自诩的所谓发现已经清晰地包含在那些命题和警句中。

在这种情况下，这位哲学家有理由脸红，也就是说，他若幻想用自己的学说将完全原创的东西引入人类普遍意识，以便启示一个全新的世界，而那些东西又外在于人类普遍意识的话。然而，他无须心烦意乱，可径直走自己的路，因为他并非不知道：关于什么是艺术的问题（此外，正如关于实在的性质的问题，或一般来说，任何认识的问题），若就使用的词语看，仅把握问题的一般、整体的外观，却奢望一劳永逸地解决。他并非不知道：这一问题总有内容详尽的意义，且涉及思想史上特定时期出现的特殊困难。当然，真理沿路而行，如同法国著名谚语中的精灵，[①] 或者如蒙田[②]在其

---

① 原文为法文。
② 蒙田（M. E. de Montaigne, 1533 - 1592），法国思想家、作家，怀疑论研究者，不仅怀疑自己，而且怀疑人类。

"女仆"① 的 "喋喋不休的废话"② 中发现的隐喻，即 "雄辩家所说的比喻女王"。然而，女仆的隐喻是对表面问题的解决，即那一时刻女仆激动的情感本身的问题；而人们每天有意无意听到的关于艺术实质的清晰断言，要解决的却是逻辑问题。虽然面对这些问题的张三或李四不是职业哲学家，但作为人，在某种程度上，他也是哲学家。正如同诗人的隐喻相比，女仆的隐喻通常表现一个短暂、狭小的情感范围，同样，同哲学家提出的问题相比，不是哲学家的人们的通常断言只解决一个微小问题。对于什么是艺术的两种回答，表面上听起来相差无几，却因其实质内容丰富性的差异而截然不同；因为名副其实的哲学家的回答，不折不扣承担如下任务：恰当地解决有史以来涌现的所有关于艺术实质的问题，而普通人的回答却在一个极其狭小范围内徘徊，显然，他们一离开那个范围就毫无作为。在永垂不朽的苏格拉底的行事力量中，在博学者的驾轻就熟中，可以找到此点的事实证明。只要博学者不断提问，就会让起初能言善辩的缺乏教育者瞠目结舌；在被追问的过程中，他们掌握的那点可怜知识危在旦夕，只能像蜗牛一样缩进其甲壳内，并声称不喜欢 "吹毛求疵"。

由此可见，哲学家的骄傲基于其问题及答案拥有更深透的意识。这是必须伴随谦逊的骄傲，即同时认识到，在确定时刻，若其范围扩大或尽可能扩大，则答案必受到当时历史的局限，故不能奢望具有全部价值，或如常言所说，是最终答案。由于其后精神生活不断更新并使问题倍增，使得以前答案并非虚假而是不适当，部分纳入不言而喻真理之数，部分应当重整旗鼓并充实完善。体系是一座房屋，房屋建成并装修好后，立即需要下大力气、坚持不懈的维护保养工作（房屋易受材料腐蚀）。但到一定时刻，修缮已经无济于事，必须推倒房屋并从地基重建。然而，思维作品有根本差异：新屋永远靠旧屋支持，旧屋几乎靠魔法作用持续存在于新屋。众所周知，对此种魔法一无所知者、肤浅或幼稚的头脑，对此感到恐惧，以致他们散布反对哲学的陈词滥调：哲学不断地摧毁自己的作品，哲学家相互攻讦。这样说，仿佛一个人从来不建造、不拆毁、不重建房屋一样，似乎后来建筑师从未同先前建筑师相矛盾；好像根据建造、拆毁、重建房屋及建筑师之间矛盾的事实，就可以得出建造房屋无用的结论！

---

① 原文为法文。
② 原文为法文。

　　虽说哲学家的问题及答案具有更大深透性，却也带来更大谬误的危险，它们因缺乏某种良知而常被玷污，由于属于较高文化领域，因而具有高雅特性，即使在受谴责时，不仅成为轻蔑和讥笑的对象，也成为暗中羡慕和妒忌的对象。这正是悬殊差距的所在，多数人喜欢阐明：常人的智力均衡状态和哲人智力超常状态之间的对立；显而易见，没有一位拥有良知的人会说，（例如）艺术是性欲本能的反应，或艺术是害人之物，应当在治理良好的共和国内被取缔：真是荒谬绝伦！然而，哲学家、大哲学家却这样说。① 但拥有良知者的天真是贫乏，是原始人般的天真；虽然人们渴望原始人的无邪生活，或者向哲学祈求拯救良知的良策，但事实却是，精神在其发展中，由于不能不如此，要勇敢地面对文明的危险和良知的暂时丧失。为了找到那条真理之路，哲学家对艺术的探究被迫走上诸条谬误之路。真理之路和谬误之路并非不同，那些走过的谬误之路为征服迷宫指示了方向。

　　谬误与真理的紧密联系源于如下事实：一个纯粹、完全的谬误不可思议，正因为不可思议，才不存在。谬误用两种声音述说，一种声音肯定虚假的东西，另一种却否定它；这是肯定与否定的碰撞，被称作矛盾。因此，当人们对一种判定谬误的理论不做一般性考察，而精心考察其各个部分及其精确性，就会在该理论中发现医治谬误的良药，即从谬误的土壤萌发真正理论的幼芽。人们发现：那些硬把艺术贬低为性欲本能的人士，为了证明其论点，求助于论证和沉思，反将艺术同性欲本能区分开而并非相结合。那位把诗歌逐出理想国的人，在驱逐时浑身发抖，在那种行为中创造出一种崇高新诗。在某些历史时期，最扭曲最粗陋的艺术学说占统治地位，但并未阻止（即使在那些时期）习以为常地、坚定不移地将美同丑区分开，当忘却抽象理论并遇到特殊情况时，也未妨碍细致入微地讨论美。宣判谬误，并不总通过法官之口，而是通过自身之口。②

　　由于同谬误的这种紧密联系，确认真理总是一个斗争过程。伴随此过程真理不断地摆脱谬误；从而油然而生一个虔诚但不可能实现的愿望，即要求真理直接呈现，无须讨论或争辩，让真理庄严地独自前行：这种舞台景象仿佛是适合真理的象征。相反，真理就是思想本身，作为思想，总是积极向上并经受磨难。其实，若不借助批判对真理问题的不同解答，无人

---

　　① 　例如，柏拉图指控当时古希腊的文艺作品对社会起坏作用，要把诗人逐出他的"理想国"。
　　② 　原文为拉丁文。

能够陈述真理。没有一篇狭隘的哲学论文，没有一本学校课本或一场学术演讲，不在开头或中间回溯历史上出现或观念上可能的意见，不想批驳并修正那些意见。虽说此事往往随意、无序地进行，却恰恰表达研究问题、回顾历史上尝试过或在观念上（即此时此刻，但总在历史上）可以尝试的所有答案，从而新答案自身包含人类精神的以往工作。

但这种需求是一种逻辑需求，它对一切真正思想而言都是内在的和不可割裂的；不能将它同确定文字的表达形式混为一谈，从而避免陷入卖弄学问的泥潭。中世纪经院哲学家和 19 世纪黑格尔学派辩证法家正是以卖弄学问著称于世，其后卖弄学问颇似形式主义迷信，相信某种外在、机械的哲学表述方式具有神奇功效。总之，必须从实质的而非偶然的意义去理解这种逻辑要求，必须尊重精神而不是文字，必须根据时间、地点和人物，自由地阐述自己的思想。于是，在我的简括报告中，想为研究艺术问题的方法指示方向，我小心翼翼——避免陈述美学思想史（正如我在别处所为），或避免辩证地陈述从（最贫乏的，直至最丰富的）错误艺术观中解放的全过程（正如我在别处所为）；我把部分行李抛得远远的，不是从我肩上，而是从我的读者肩上。之后，他们会重新背上那些行李，当他们像鸟一样飞翔，从高空鸟瞰某地迷人风景而心醉神迷，就准备奔赴该国此地或彼地细致入微地旅游，或依次把该国漫游一遍。

然而，重提引起这一不可或缺序言的问题（若要剔除我演讲的任何自命不凡印象和无用的坏名声，这一序言不可或缺）——即艺术是什么，我将立即用最简单方式说，艺术是幻象或直觉。艺术家创造一个意象或幻影；艺术爱好者的目光投向艺术家指给他的那个点，通过他打开的孔眼凝视，并在自身再造那个意象。"直觉""幻象""静观沉思""想象""幻想""造型""表现"，诸如此类，不一而足，它们就像谈论艺术的同义词不断重复，它们一起把我们的心智提高到相同概念或相同概念范畴，即普遍认同的征兆。

然而，我的这一答案：艺术是直觉，是从其暗含否定的一切，从决定艺术的一切中汲取意义和力量。它包含哪些否定？——我将指出主要的，或至少指出对我们当下文化至关重要的那些否定。

首先，它否定艺术是物理事实；例如，某些确定色彩或色彩关系，某些热或电的现象，总之，任何被确定为"物理的"东西。这种将艺术物理化的错误业已渗透到普通思想中，正如用手触摸肥皂泡的儿童，也想要触摸彩虹，人类精神由于欣赏美的事物，就自发地倾向从外部自然探寻美的事物的原因，从而尝试思考或认为应当思考：某些色彩是美的，另一些色彩是丑的；某些物体形态是美的，另一些物体形态是丑的。然而，在思想史上这种尝试曾多次有意地有条理地实施，从希腊和文艺复兴的艺术家及理论家确定人体美"准则"，从对形状及声音可确定的几何、数字关系的思辨，直至19世纪美学家（例如费希纳①）的研究，以及今天在哲学、心理学及自然科学会议上，"外行们"就物理现象与艺术的关系惯常的"交流"。若问由于什么原因艺术不能是一种物理事实，必须首先回答，物理事实并不具实在性，而众人毕生奉献并为此感到神圣欢乐的艺术则非常实在；从而艺术不能是一种物理事实，后者是不实在的东西。无疑，乍听，这句话显得荒谬，因为对于平民百姓而言，没有比物理世界更可靠坚实的了；然而，我们出于真理，没有放弃好理由（不因它显得在说谎），更没有用另一个欠佳理由替代它。此外，为了超越真理的怪异性及艰涩性，为了让我们更熟悉，我们可以逐步认为，物理世界的非实在性，不仅被所有哲学家（他们不是粗俗的唯物主义者，也未陷入唯物主义尖锐矛盾之中）无可辩驳地证明并被接受，而且同样在物理学家的哲学习作（和他们的科学混合在一起）中得以承认，当他们把物理现象视为超验原则产物、原子或以太的产物，或者视为不可知物的表现。此外，唯物主义者的物质本身就是一个超物质原则。由此可见，物理事实由于其内在逻辑及普遍认同，表明不再是实在，而是为了科学目的、我们理性的一种建构。所以，艺术是否为物理事实这一问题理应具有如下不同含义：艺术是否可在物理上建构。这毫无疑义，其实我们总这样做，例如，我们不去关注诗歌的意义，不去鉴赏诗歌，而去计算构成诗歌的词语数量，并把词语划分为音节和字母；或者我们不去关注一座雕像的审美效果，而对它进行度量和称量：这项工作对雕像包装工非常有用，正如前项工作对排印诗稿的排字工有用一样。但对艺术的鉴赏者和研究者而言就一无所得，其研究者若不关注对象本身，则毫无益处，也不正当。由此可见，在第二个含义上，艺术也不是物理事实；换言之，当我们探寻艺术本质及其活动方式时，若在物理上建构艺术，我们将一无所获。

艺术是直觉这个定义还暗含另一个否定：换言之，若艺术是直觉，若

———————

① 费希纳（G. T. Fechner, 1801－1887），德国心理学家、美学家与哲学家。他是实验美学的创始人。

直觉在其静观沉思本义上等于理论，则艺术不能是功利活动；由于功利活动总以达到快乐为目的，并力求远离痛苦，从而，鉴于艺术自身本质，它同有益、快乐、痛苦之类东西毫无关系。其实，无须过多抵抗就会承认，快乐作为快乐，无论什么快乐，本身都不是艺术。饮水解渴的快乐，露天散步、活动四肢、血液循环畅通的快乐，谋得渴望已久职位使我们实际生活安定的快乐，诸如此类，不一而足。甚至在我们和艺术的关系中，快乐和艺术的差异也一目了然，因为表现的形象可让我们感到亲切，并唤起令人愉快的回忆，但画作可能丑；或者相反，画作可能美，但表现的形象却令我们憎恶；或者我们认同画作本身美，但它却让我们火冒三丈或妒火中烧，因为它是我们的敌人或对手的作品，这幅画会让其作者受益匪浅并力量倍增。我们的实际利益同相应的快乐及痛苦相混，有时甚至混为一谈，它们扰乱我们的审美兴趣，但从未同我们的审美兴趣相提并论。为了更有效地支持艺术是令人快乐的东西的定义，至多会断言艺术不是一般令人快乐的东西，而是一种令人快乐东西的特殊形式。然而，这种限定不是对此论断的捍卫，而是对它的真正抛弃。鉴于艺术是令人快乐东西的特殊形式，所以其特征并非源于令人快乐的东西，而是源于区分开那种令人快乐东西同其他令人快乐东西的东西，从而应当转而探究那种区分性因素（它是引起更大快乐的东西，或者同令人快乐东西截然不同）。然而，把艺术界定为令人快乐东西的学说，有一个特殊名称（快乐主义美学），它在美学学说史上长期、复杂地兴衰流转：在希腊罗马世界业已显现，在 18 世纪兴盛一时，在 19 世纪下半叶重新繁荣，至今仍大受欢迎，特别受到美学初学者的青睐，因为首先艺术引起快乐的事实给他们留下深刻印象。该学说的生命力源于一次次地提出这类或那类快乐，或诸类快乐整体（高级感官快乐、游戏快乐、意识自身力量、色情，等等）或者在于给该学说添加异于令人快乐东西的因素，例如功利（当它被理解为异于令人快乐东西时），满足认识及道德的需要之类。该学说进步恰恰由于这种不平静，由于它必须以某种方式同艺术实在相一致，引入的外在因素在其内部发酵，从而导致快乐主义学说瓦解，并且不自觉地促进另一种学说，或至少让人们感到此种学说不可或缺。由于每种错误都有其真实动因（由于物理学说的动因一目了然，它成为"物理地"建构艺术的可能性，正如建构任何其他事实的可能性），快乐主义学说也有其永恒真实动因，就在于强调快乐主义的伴随，即快乐对审美活动及任何其他形式的精神活动而言都是普遍的。我们坚决否定艺术与令人快乐东西同一，把艺术界定为直觉就把艺术同令人快乐东西区分开，但丝毫不想否定快乐。

　　凭借艺术即直觉的理论产生的第三个否定是：艺术不是道德活动；等于说实践活动的这种形式，虽说必然同功利、快乐及痛苦相连，但并非直接为功利主义的和快乐主义的，而是进入更高精神领域。然而，直觉作为认识活动，同任何实践活动相对立。确实，正如早在古代就指出，艺术诞生不是由于意志，确定正直人士的良好意志并不确定艺术家。由于艺术诞生并非源于意志，从而它也就摆脱任何道德的区别，不是因为它享有豁免权，而是单纯因为道德区别无法应用于艺术。一个艺术意象描画出在道德上值得赞扬或应受谴责的行为；但意象本身（因为是意象）在道德上既不值得赞扬也不应受谴责。不仅不存在一部刑法典能够判处一个意象入狱或死刑，而且拥有理性的人不能把意象作为其任何道德判断的对象：正如不能判断一个正方形道德，一个三角形不道德，同样不能判断但丁的弗兰切丝卡①不道德，莎士比亚的考地利娅②道德（她们具有纯粹艺术功能，就像在但丁和莎士比亚的头脑中的音符）。此外，道德主义艺术理论在美学学说史上也有表现，时至今日仍未完全灭绝，虽然人们普遍认为它已声名狼藉。声名狼藉不仅因其内在缺陷，而且在某种程度上还因当今某些倾向的道德缺陷，从而凭借心理厌恶使本应根据逻辑理由所做摒弃更加容易，我们在此正做这种摒弃。为艺术预先确定目的，诸如引导人们向善，启示人们憎恶罪恶，纠正并改善习俗，全是道德主义学说的派生物；要求艺术家做贡献：参与对平民的文明教育，强化国民的民族精神和尚武精神，传布朴素、勤劳的现代生活理想，诸如此类，不一而足，也是其派生物。艺术不能做所有这些事情，正如几何学不能做一样，但几何学未因有该弱点而丧失丝毫尊严，其后人们不理解，为什么艺术就应丧失尊严。连道德主义美学家也隐约可见这一点；因此他们心甘情愿同艺术妥协，也允许艺术促进非道德的快乐，只要不是公开的无耻就行，或者嘱托艺术出于良好目的而利用其享乐主义力量来控制人们的心灵：给药丸加糖衣，在盛有苦味药

---

①　弗兰切丝卡（Francesca），为拉维纳僭主之女，1275 年后嫁与里米尼僭主之子简乔托。简乔托是一个相貌丑陋的瘸子。简乔托之弟保罗相貌英俊，与兄嫂相爱并私通。后被简乔托发现，他将二人杀死。但丁在《神曲》中对弗兰切丝卡深表同情。

②　考地利娅（Cordelia），是莎士比亚悲剧《李尔王》中李尔王的小女儿，因为她不肯说假话讨好父亲，被剥夺了继承权，后来证明她真诚地爱父亲。

液的杯子口边抹上蜜糖，总之要艺术做名妓，的确如此（因为她不能根除古老的、天生的恶习），却为神圣教会或道德教会服务。有时，他们想让艺术作为教育工具，由于美德和科学都是艰难之事，而艺术可以去除那种艰难，从而使通向科学殿堂的大门变得令人惬意并富有吸引力，甚至引导人们去科学殿堂就像穿过阿尔米达①的花园：他们欣喜若狂、春心荡漾，忘记追求崇高利益和面临的改革危机。现在，我们谈及这些理论，不能不面带微笑；但我们不应忘记它们是严肃的东西，并且同理解艺术本质并提升艺术概念的严肃努力相一致，相信这些理论的人们有（仅限于意大利文学）但丁、塔索②、帕里尼③、阿尔菲耶里④、曼佐尼⑤和马志尼⑥。道德主义艺术学说由于其自身矛盾，过去、现在、将来不断使人受益，过去、现在、将来总是一种努力（虽说并不愉快）——让艺术脱离纯粹快乐（有时艺术同它相提并论），给予艺术一个更受人尊敬的位置；该学说也有其真实一面，因为，若艺术处于道德之外，艺术不偏不倚；但艺术家却置身道德王国，由于他是人，不能逃避人的责任，就应当把艺术本身（艺术从未是道德）视为要履行的使命、神圣的职责。

此外（在这方面我应当回忆的一般否定中，这是最后的，或许最重要的一个否定），用艺术即直觉这一定义否定艺术具有概念认识的特性。概念认识，就其纯粹形式，即哲学形式而言，总是实在论的，旨在确立实在性，反对非实在性或减少非实在性，将非实在性纳入实在性，作为实在性本身的从属环节。然而，直觉恰恰意味着难以区分实在与非实在，意象就其纯粹意象价值而言，是意象的纯粹理想性；将直觉的或感性的认识同概念的或理性的认识相对立，将审美认识同思维认识相对立，旨在要求这一认识最简单、最初级形式⑦的自主权，该形式⑧堪比认识生活的梦境（是梦境，但不是沉睡），与此梦境相比，哲学就是清醒。的确，无论谁面对一

① 阿尔米达（Armida），是塔索长篇叙事诗《被解放的耶路撒冷》主人公里纳尔多（Rinaldo）的女友。

② 塔索（T. Tasso, 1544 – 1595），意大利文艺复兴时期大诗人，代表作为《被解放的耶路撒冷》。

③ 帕里尼（G. Parini, 1729 – 1799），意大利诗人，代表作为讽刺长诗《一天》。

④ 阿尔菲耶里（V. Alfieri, 1749 – 1803），意大利古典悲剧剧作家。

⑤ 曼佐尼（A. Manzoni, 1785 – 1873），意大利文学家，代表作为《约婚夫妇》。

⑥ 马志尼（G. Mazzini, 1805 – 1872），意大利革命家，民族复兴运动中民主共和派领袖。

⑦ 指直觉认识、感性认识、审美认识。

⑧ 指直觉认识、感性认识、审美认识。

件艺术作品，若提问这位艺术家表现的东西在推理上或历史上是真还是假，就提出了一个毫无意义的问题，就犯下想把想象的虚幻意象移送道德法庭的人们的类似错误。这毫无意义，因为区别真伪总涉及对实在的确认或判断，但不能落实在介绍一个意象或一个纯粹主词（它不是判断的主词）上，因为缺少表语或谓语。反对如下命题徒劳无益：意象的个性若不涉及一般就不存在。这个意象是一般的个性化；因为这里不能否定一般，正如不能否定上帝的精神，它无处不在、生机勃勃，但可以否定在作为直觉的直觉中，一般被逻辑地阐明或思考。呼唤精神统一原则同样徒劳无益，想象和思维的明确区分并不动摇反而强化该原则，因为对立只源于区分，而具体的统一源于对立。

理想性（正如已说过那样，这是把直觉同概念，艺术同哲学、历史、一般确认及对发生之事的感受或叙述相区分的特性）是艺术的更大优点：刚从理想性转向反思或判断，艺术就销声匿迹并一命归天：它死在变成批评家的艺术家手中，死在那些静观或倾听的艺术鉴赏者手中，他们从瞬间沉思艺术者变成深思熟虑的生活观察者。

然而，将艺术同哲学（在广义上理解的哲学，也包括对实在的任何思考）区分开，同时导致其他区分：首先，是艺术同神话的区分。因为神话对相信它的人们而言，就是对实在的揭示和认识，并同非实在相对立，从而他们从自身驱逐视为虚幻及骗人的其他信仰。仅对那些不再相信神话，并把神话作为一种隐喻，把诸神的严峻世界作为一种美好世界，把上帝作为崇高意象利用的人来说，神话才能够变成艺术。由此可见，在纯粹实在中，在信仰者的而非不信教者的心灵中，神话是宗教而非简单的想象，宗教是哲学，是构建中的哲学，是多少欠完美的哲学，但毕竟是哲学；而哲学作为哲学，是多少净化并精致的宗教，并处于不断精致和净化的过程中，却是绝对或永恒的宗教或思想。对艺术而言，要变成神话和宗教，恰恰缺少思想及由思想产生的信仰；艺术家创造意象，对其意象不涉及相信不相信。由于不同理由，艺术即直觉的概念也摒弃艺术作为类、型、种、属的生产的观念，或许还（根据某位伟大的数学家或哲学家对音乐的看法）摒弃不自觉地做算术练习的观念，即是说，艺术即直觉的概念把艺术同实证科学及数学区分开，因为在实证科学及数学中都存在概念形式，虽然缺少实在论性质，但可作为纯粹一般化表现或纯粹抽象。尽管自然科学及数学同哲学、宗教及历史的世界相比，仿佛具有那种理想性，并且显得接近艺术（由于那种理想性，今天的科学家和数学家乐意自诩是虚构①世界的创造者，虚构的词义类似于诗人的虚构或形象表现），它们凭借放弃具体思维，凭借一般化和抽象，获得那种理想性，但这些都是意愿、意志决定、实践活动，因此外在于艺术世界，并与艺术世界为敌。由此可见，与哲学、宗教和历史相比，艺术显得同实证科学和数学更不相容，因为在理论或认识的同一世界里，哲学、宗教和历史呈现为艺术的同胞，而实证科学和数学却用实践的简陋接近沉思——冒犯艺术。诗歌与分类，或更为糟糕，诗歌与数学，正如水火不相容：数学精神和科学精神，②是诗歌精神③的不共戴天死敌；自然科学和数学繁荣昌盛的时代（比如，18世纪理性主义时代），恰是诗歌贫乏、颓势的时代。

正如我曾说过，要求艺术的非逻辑特性是艺术即直觉公式中包含的最困难、最重要的论战；因为试图把艺术解释成哲学、宗教、历史及科学，或在较小程度上解释成数学的各种理论，占据美学史上的大部分阵地，并且用大哲学家的名字来装点。在19世纪的哲学中，谢林④和黑格尔提供了将艺术和宗教、哲学视为同一或混为一谈的例证；泰纳⑤提供了将艺术和自然科学相提并论的例证；法国真实主义理论提供了将艺术和历史评论及文献考据相混的例证；赫尔巴特⑥主义者的形式主义提供了将艺术和数学相混的例证。然而，要在这些作者和能够回忆起的其他作者那里发现上述错误的纯粹实例将徒劳无益，因为错误从未是"纯粹的"，若错误是纯粹的，那就成了真理。因此，为了简练，我称之为"概念主义的"诸艺术学说自身包含解体因素。信奉它们的哲学家的精神越强有力，解体因素数目就越多并越有效；因此，无人比谢林和黑格尔那里的解体因素更多更有效，他们拥有艺术创造的生机勃勃的意识，从而凭借他们的观察和独特发展，启示一种与其体系中的理论相对立的理论。此外，这些概念主义理论不仅比以前考察的理论优越，由于承认艺术的认识特性，而且还对真正学说的构建作出自己的贡献，由于它们要求包含想象与逻辑、艺术与思维之

① 原文为拉丁文。
② 原文为法文。
③ 原文为法文。
④ 谢林（F. W. Schelling, 1775 - 1854），德国古典哲学的主要代表之一，客观唯心主义哲学家。
⑤ 泰纳（H. Taine, 1828 - 1893），法国历史学家和哲学家。
⑥ 赫尔巴特（J. F. Herbart, 1776 - 1841），德国哲学家和教育学家。

间的确定关系（若这些关系是差异的，也是统一的）。

这里人们已经能够看见，"艺术即直觉"这一非常简单的公式——被每天谈论艺术的所有人移译成其他同义词（比如，艺术是想象的作品），在许多古籍中会发现更古老的词语（"模仿""虚构""寓言"等）——现在在哲学讲演中被提及，就充满了历史的、批评的和论战的内容，关于其丰富性，不久前某些论文刚刚面世。该公式在哲学上的成功需付出巨大辛劳，这不再令人惊奇，因为这种成功仿佛攻占了一座在战役中长期争夺的山冈，因此同和平时期无忧无虑的行者轻松登顶的价值截然不同：不是散步中途的简单休憩点，而是一支军队胜利的结果和象征。美学史家沿着艰难征途步步为营，在这一征途中（这是思维的另一种魔力），胜利者未因对手打击而丧失力量，相反却从这些打击中获取新的力量，并且抵达目的地——渴望的山顶，迫使对手败北，却让对手陪伴。这里，我不能不略微提及亚里士多德模仿概念的重要性（对柏拉图谴责诗歌提出异议），以及他本人为把诗歌同历史区分开所作尝试：这一概念尚未充分展开，或许在他的头脑中尚未完全成熟，因此长期被人误解，但在经历诸多世纪后，在当代，它应当成为美学思想的起点。我还想略微提及日益强化的逻辑与想象、判断与趣味、理智与天才之间存在差异的意识。该意识在 17 世纪更加生机勃勃，维科①的《新科学》为诗歌与形而上学之间的对立确立了庄重形式；鲍姆加登②的《美学》作为低级认识论和感性认识科学而异于逻辑学，③ 但其构架仍然是经院哲学的，此外，鲍姆加登本人仍然受到概念主义美学观的纠缠，他的作品并不符合其初衷；康德对鲍姆加登及莱布尼茨④主义者、沃尔夫⑤主义者的批判，致力于廓清直觉即直觉，并非"混乱的概念"；浪漫主义用其艺术批评及其历史，或许胜过用其体系，发展了维科建构的艺术新观念；最终，意大利的弗兰切斯科·德·桑克蒂斯⑥反对任何功利主义、道德主义和概念主义，强调艺术是纯粹形式（使用他本人使用的词语），即纯粹直觉。

然而，在真理脚下，怀疑，"如泉水般"（如前辈但丁在三行诗中所

---

① 维科（G. B. Vico, 1668 – 1744），意大利哲学家、美学家、历史学家。

② 鲍姆加登（A. G. Baumgarten, 1714 – 1762），德国哲学家和教育家。

③ 原文为拉丁文。

④ 莱布尼茨（G. W. Leibniz, 1646 – 1716），德国哲学家和科学家。

⑤ 沃尔夫（C. Wolff, 1679 – 1754），德国哲学家，德国启蒙运动重要代表人物。

⑥ 德·桑克蒂斯（F. De Sanctis, 1817 – 1883），意大利文学史家和文学批评家。

说）涌出，其后正是怀疑驱使人的理智跨越"座座山丘"。作为直觉、想象、形式的艺术学说现在提出进一步的（我不再说最终的）问题，它不再是同物理学、快乐学、伦理学及逻辑学相对立并相区分的问题，而是意象自身领域中内在的问题。在界定艺术特性时对意象的充分性提出怀疑，事实上在辨别真假意象的方法上犹豫不决，并且沿着这条道路来丰富意象的及艺术的概念。人们发问，在人的精神中，一个缺少哲学的、历史的、宗教的或科学的价值，甚至缺少道德的或享乐的价值的纯粹意象世界能起什么作用？在生活中不仅需要眼睛，而且需要开放的心智和活跃的精神，还有比睁眼做梦更徒劳无益吗？纯粹的意象！然而，自娱的纯粹意象有一个欠尊敬的名称，被称作"空想"，通常添加上修饰词"无用的"；这简直是毫无结果、枯燥乏味的东西。这能是艺术？当然，我们有时为了娱乐阅读一些惊险小说，小说里意象以预料不到、形形色色方式连续出现；但我们是在疲劳时刻，当我们不得不消磨时光时才喜欢它们，并且清醒地意识到那些东西不是艺术。这种情况则是消磨时光和游戏；但艺术若是消磨时光和游戏，就会再次投入快乐主义学说怀抱，那种学说一直对它张开双臂准备迎接。一种功利的和快乐主义的需要迫使我们有时放下心智之弓和意志之弓，躺在地上，让意象在我们脑海里不断闪现，或者借助想象把意象奇怪地结合起来，我们仿佛处于半睡半醒状态，刚刚休息完毕，就脱离那种状态，有时恰恰为了准备创造艺术作品，而躺在地上的人绝不创造艺术作品。由此可见，要么艺术不是纯粹直觉，从而我们认为批倒的上述学说提出的要求并未得到满足，因此对这些学说的批驳也受到怀疑的侵扰；要么直觉不可能存在于一个简单想象中。

为让该问题更紧凑更困难，最好立即把该问题中答案容易的部分删除，而我恰恰不想忽略那一部分，因为通常那部分既混乱又模糊。说真话，直觉是产生一个意象，却不是通过追忆旧意象，不是通过随意地让它们一一接续，或同样随意地将一个意象同另一个意象结合，仿佛做儿童游戏，把人头和马颈相连，从而获得大量松散、不连贯的意象。古代诗学首先利用统一概念，以表示直觉和空想之间的这种区别，要求任何艺术创作都应当既简单又统一；① 或者利用在多样性中统一的类似概念，即诸多意象应当找到其中心并融合为一个总意象；19 世纪美学按相同需要肯定幻想

---

① 原文为拉丁文。

（特有的艺术才能）和想象（非艺术才能）之间的区别，不少 19 世纪美学家认同这种区别。在精神中生产并拥有个别意象，以积累、精选、剪裁、结合诸多意象为前提；幻想是生产者，相反想象是寄生虫，它适宜外在地结合，而不适宜产生有机体和生命。我前面以相当肤浅公式提出的问题最为深刻，它是：在精神生活中纯粹意象应起什么作用？或者（说到底是一回事）如何产生纯粹意象？每部天才艺术作品都会激发一长队模仿者，他们恰恰在重复，把它剪碎并拼凑，机械地夸大它，还扮演想象者的角色，时而接近时而远离幻想。然而，其后那一天才作品受到百般折磨（光荣的标志！），对此如何进行辩解，或者根源何在？为了澄清这点，还必须深入研究幻想和纯粹直觉的特性。

准备这种深入研究的最佳方法，就是回忆并评论曾尝试（小心勿陷入实在论和概念主义的泥沼）将艺术直觉同纯粹支离破碎想象相区分的那些理论，并且确定何为统一原则，并为幻想的创造特性阐明理由。艺术意象（业已说过）是这样的：当一个"理性的"和一个"感性的"相结合时，它就表现一个理念。现在"理性的"和"理念"只意味着（对此学说的支持者而言没有其他含义）概念；尽管它是具体概念或恰为高级哲学思辨的理念，它同抽象概念和科学的典型概念截然不同。然而，在所有情况下，概念或理念总把"理性的"和"感性的"结合起来，而不仅仅在艺术中，因为由康德首创并内在于（可以这样说）全部近代思想的关于概念的新概念，消除了感性世界和理性世界的裂缝，它把概念理解为判断，把判断理解为先天综合，而把先天综合理解为变成有血有肉的词语——历史。这样，就和初衷相反，艺术的这一定义把幻想重新引向逻辑，把艺术重新引向哲学。该艺术定义面对科学的抽象概念，至多显得有效，而不再针对艺术问题（康德的美学及目的论著作《判断力批判》恰恰具有这种历史功能，用以纠正《纯粹理性批判》中仍然抽象的东西）。作为具体概念，除本身包含感性因素外，若在表达具体概念的词语之外，再要求感性因素就是多余之事。坚持这种要求，确实可以摆脱作为哲学或历史的艺术观，但仅仅为了过渡到作为寓意的艺术观。寓意的不可逾越的困难众所周知，其冷淡和反艺术的特性众所周知并被普遍感受。寓意是外在的结合，即两个精神事实——一个概念或思想和一个意象的因袭的、随意的连接。为此，该意象应当表现该概念。借助寓意，不仅不能解释艺术意象的统一性，而且有意地确定二元论，因为在那种连接中，思想仍为思想，意象仍为意象，它们之间没有关系；以致在静观那一意象时，我们忘记了概念，没有任何损害，甚至反而受益，在思考概念时，我们驱除肤浅并令人讨厌的意象，同样使人受益。在中世纪寓意颇受青睐，中世纪就像德意志精神和罗马精神、野蛮和文化、强劲想象和缜密反思的大杂烩。这是对中世纪艺术的理论偏见，而不是其实际状况。中世纪艺术，既然是艺术，就从自身摒弃寓意法或在自身消解寓意法。事实上，消解寓意二元论的需要，导致作为理念寓意的直觉理论，在作为象征的直觉理论中实现完善；因为在象征中，脱离象征性表现而独立存在的理念不可思议，而没有被象征的理念，象征性表现也不可能栩栩如生。在表现中理念全部消解（正如美学家菲舍尔①所说，若要指责，就指责他把一个如此乏味的比喻运用于一个极富诗意和极其玄奥的题材），正如一块方糖，溶解在一杯水中，它存在于每个水分子中并在其中活动，但再也找不到那块方糖。虽然理念消逝了，但理念业已全部变成表现，人们再不能把握作为理念的理念（除非如从糖水中提取糖一样提取理念），因为它不再是理念：只是艺术意象尚未找到统一原则的标志。当然，艺术是象征，全是象征，即全具有意义；但象征什么？意味着什么？直觉是真正艺术的，是真正的直觉，不是大量混乱不堪的意象，仅当直觉拥有一个富有生命力的原则，让那些意象生机勃勃并同直觉融为一体。但这是什么原则呢？

可以说对该问题的回答是考察艺术领域内前所未有对立倾向的结果（这种对立并非局限于对立占优势并由对立命名的时代）：浪漫主义和古典主义的对立。这里，正如应当做的那样，将次要的、偶然的限定搁置一旁，下一个一般的定义：浪漫主义首先要求艺术自发并强烈地抒发情感——爱、憎、忧伤、欢欣、绝望、振奋；浪漫主义青睐并满足于模糊、不确定的意象，影射及支离破碎的风格，空洞的暗示，意思不精确的语句，有力却暧昧的行文。相反，古典主义喜爱平静的心灵、睿智的规划、特性分明且轮廓准确的形象、持重、平衡、清晰。古典主义坚定不移地倾向于表现，正如浪漫主义倾向于情感。无论谁赞同哪派观点，都能找到大量理由支持其观点，并且反驳相反观点。因为浪漫主义者说，富有清晰意象的艺术，若不震撼人心又有何用？若能震撼人心，意象不清晰又有何妨？然而，古典主义者说，若精神不基于一个美的意象，则情感的波澜又

---

① 菲舍尔（F. T. von Viscer, 1807 - 1887），德国文学批评家和美学家。

有何用? 若意象是美的, 若我们的趣味得到满足, 缺少那些激情又有何妨? 大家都能从艺术之外获得那些激情, 生活不是还提供大量激情, 有时比人们想要的还多吗? 但是, 当人们对徒劳无益地捍卫各自片面观点感到厌烦时, 当人们首先离开浪漫主义流派和古典主义流派生产的普通艺术作品、那些激情勃发的作品和那些冷漠、庄严的作品时, 就会把目光投向那些大师 (而非弟子)、那些卓越天才 (而非平庸之辈) 的作品, 将会发现对立瞬间消失, 再没有办法使用两个流派的话语: 伟大的艺术家、伟大的作品, 或那些作品的伟大部分, 既不能称作浪漫主义的, 也不能称作古典主义的, 既不是激情的, 也不是表现的, 因为它们是古典主义和浪漫主义、激情和表现的整体——强劲的情感完全变成极其清晰的表现。显然, 古希腊艺术作品正是如此。意大利艺术和诗歌也是如此: 中世纪超验积淀在但丁的三行诗节隔句押韵法的不朽作品中; 在彼特拉克①清澈的十四行诗和歌集中有着忧郁和美妙幻想; 在阿里奥斯托②清朗的八行诗中有着睿智的生活经验和对往昔疯狂之事的戏谑; 在福斯科洛③完美的十一音节无韵诗中有着英雄主义和死亡的思想; 在莱奥帕尔迪④的朴实而庄严的诗中有着一切的无限多样性。甚至 (不愿同刚列举的例子比较, 可作为插话) 当今国际的颓废主义的精致色情及兽性淫荡, 在意大利人邓南遮⑤的散文和诗歌中或许拥有其最好表现。所有这些诗人都是激情满怀之人 (所有人, 包括平静的阿里奥斯托, 如此多情, 如此亲切, 常用微笑克制心绪不宁); 他们的艺术作品是在他们激情的土壤上盛开的永不凋谢的百花。

这些经验和这些批判性判断在理论上可以概括为: 情感给予直觉以连贯性和统一性, 直觉真正如此, 因为它表现情感, 并且直觉只能源于情感, 基于情感。不是理念, 而是情感将象征的轻盈给予艺术, 即一种渴望在一个表现中流转, 这就是艺术。在艺术中渴望仅为了表现, 而表现仅为

---

① 彼特拉克 (F. Petrarca, 1304 – 1374), 意大利诗人, 代表作为《歌集》。

② 阿里奥斯托 (L. Ariosto, 1474 – 1533), 意大利诗人, 代表作为长篇叙事诗《疯狂的罗兰》。

③ 福斯科洛 (U. Foscolo, 1778 – 1827), 意大利诗人, 早年参加争取祖国独立的活动, 主张建立统一的意大利共和国。主要作品有抒情诗《墓地哀歌》。

④ 莱奥帕尔迪 (G. Leopardi, 1798 – 1837), 意大利诗人, 出身贵族。主要作品有颂诗《致意大利》和《但丁纪念碑》。

⑤ 邓南遮 (G. D'Annunzio, 1863 – 1938), 意大利作家, 拥护法西斯主义。主要作品有诗集《新歌》、《赞歌》, 小说《玫瑰小说》三部曲。

了渴望。史诗和抒情诗，或戏剧和抒情诗，是对不可分割东西的教学分类：艺术永远是抒情的，或者想说，是情感的史诗和戏剧。我们在纯正艺术作品中所欣赏的东西，正是某种精神状态具有的完美幻想形式，我们把它称作艺术作品的生命，统一、坚实、丰富。令我们不快的是，在虚假和不完美形式中，是诸多不统一精神状态的对立，其分层或混合，其动摇不定的活动方式——受作者意愿左右的表面统一。作者为达此目的，利用一个模式或一个抽象观念，或利用超审美的情感波澜。一系列意象独自看显得清晰，但其后让我们大失所望并疑窦丛生，因为我们没有看见它们源于一种精神状态、一个彩点（正如画家通常所说）、一个动因，它们接续并积聚，没有心声的正确语调和重音。从一幅画的背景截取一个形象，或者移至另一幅画的背景，这个形象变成什么？戏剧或小说中的一个人物，若脱离与其他所有人的关系，脱离与一般活动的关系，这个人物变成什么？这种一般活动若不是作者的一种精神活动，它还有什么价值？在这方面，关于戏剧统一性长达几百年的争论具有教育意义。这场争论从时空的外在限定开始，起初涉及"活动"统一性，其后该统一性关乎"兴趣"统一性，而兴趣不得不在诗人的精神兴趣、在让他朝气蓬勃的理想中消解。古典主义者和浪漫主义者之间的大论战的批判性结果也很有教益（正如大家所见），从而否定了一种艺术，它妄图用抽象的情感，用情感的实际强力，用已变成沉思的情感，掩饰意象的缺陷并欺骗迷惑众人；同样，也否定了另一种艺术，它妄图用意象的表面清晰，用伪装正确的画面，用伪装准确的话语，掩饰审美理由（用以解释其形象表现法）的缺失，掩饰赋予灵感的情感的缺失。一位英国批评家的一句名言，业已属于报刊惯用语之列，"一切艺术都趋向音乐的条件"；必须更确切地说，一切艺术都是音乐，若这样说，想要强调艺术意象的情感起源，同时从它们之中清除那些机械地建构或实在论般沉闷的意象。还有一句名言，是一位瑞士半哲学家说的，它被庸俗化不知是好运还是厄运，它发现"每幅风景画都是一种精神状态"：这是无可争辩之事，不是因为风景画是风景，而是因为风景画是艺术。

由此可见，艺术直觉永远是抒情直觉，后者不是前者的形容词或限定，而是同义词。该词可以添加到我业已提及的那些同义词里，它们全都说明直觉。若有时不能作为同义词而采取形容词的语法形式有益，也仅仅旨在让人理解直觉—意象之间，或意象联系（由于被称作意象的东西总是意象联系，不存在意象原子，正如不存在思想原子一样）之间的差异，旨在让人理解真正直觉和虚假直觉之间的差异：真正直觉是一个有机体，其生命原则是有机体本身，而虚假直觉是意象的积聚，它们凭借游戏或计算或一个实践目的相联系，由于它们的联系是实践的，若从审美视角考察，显然不是有机的而是机械的。然而，在这种说明性和论战性的功能之外，词语"抒情"似乎是多余的；当把艺术简单地界定为直觉，就给艺术下了一个完美的定义。

二　关于艺术的偏见

　　我扼要概述区分艺术同与之相混或通常与之相混所有东西的过程，无疑会迫使我在心智上做不小努力；但这种辛劳最终会受到奖赏：通过自己的方式获得自由，以摆脱在美学领域充塞的许多虚假区分，虽然起初它们靠简易性及骗人的清晰性进行诱惑，从而事实上阻碍对艺术真谛做任何深刻理解。虽然并不缺少喜欢重复传统及通俗区分的人士，但他们情愿听任一无所知。相反，我们抛弃所有这些区分将受益匪浅，我们把它们视为新工作的障碍，新理论方向要求并引导我们投入这种新工作，并且因感觉富有而享受极度快乐。因为财富不仅靠拥有许多东西，而且靠摆脱那些构成经济亏空的所有东西来获得。

　　我们从美学领域最著名的"经济负债"开始：从内容和形式的区分开始，它引起 19 世纪著名的学派划分，即内容美学和形式美学的划分。一般说来，造成对立学派的问题如下：艺术只存在于内容，还是只存在于形式，或者同时存在于内容和形式？什么是内容的特性，什么是审美形式的特性？一些人回答说，艺术完全存在于内容，内容一次次地被人们喜欢的东西确定，或是道德的东西，或是把人提升至形而上学及宗教天堂的东西，或是从实在论视角看确实的东西，甚至是从自然及物理视角看美的东西。另一些人回答说，内容无关紧要，它是用来悬挂美的形式的简单栏杆或支架，只有美的形式才真正赐福给审美精神：统一、和谐、匀称等。起初被两派排斥在艺术本质之外的因素，现在两派竭力吸纳于自身名下；内容派承认用美的形式修饰内容（他们认为，内容是美的构成因素）使它受益，让它呈现为统一、匀称、和谐，诸如此类，不一而足。相反，形式派认为，若艺术效果不靠内容价值增强，因为之前艺术就拥有这种价值，那么在这种情况下，艺术就不再是一种价值，而是两种价值的总和。该学说在德国的黑格尔派和赫尔巴特派那里达到学术繁荣，此外在美学史上任何时期，古代、中世纪、近代、当代，都可多少发现该学说。人们普遍认为该学说至关重要，因为人们听说某剧"形式"美而"内容"欠佳，这简直司空见惯；一首诗"观念"无比崇高，但"以丑陋诗句展开"；一位画家或许更加伟大，若不在微不足道的小题材上浪费其绘画大师和色彩大师的力量，而是相反选择那些历史的、爱国的、社会学的题材。可以说，对艺术的精湛鉴赏力和真正批评辨别力，每走一步都被迫自卫以克服源于这些学说的判断的缺陷，在这些学说中哲学家像平民百姓那样行事，而平民百姓几乎感觉成为哲学家，因为他们发现和那类平民—哲学家观点一致。对我们来说，这些学说的起源不是秘密，因为从已做的概述中，显而易见，它们是在快乐主义、道德主义、概念主义或物理的艺术观主干上生出的，这类艺术观没有让艺术成为艺术的东西，其后将被迫以某种方式重新找回被它们遗忘的艺术，再把艺术以附属的或偶然的因素形式重新引入：内容派把艺术设想为形式的抽象因素，形式派则把艺术设想为内容的抽象因素。令我们感兴趣的恰恰是这些美学的辩证法，从而内容派无意地变成形式派，形式派无意地变成内容派；于是，他们彼此交换了位置，但由于换位后心绪不宁，又重返原先位置，结果同样引起心绪不宁。赫尔巴特主义者的"美的形式"同黑格尔主义者的"美的内容"毫无二致，因为二者皆为无。令我们更感兴趣的是观察他们为冲破牢房所作努力：他们猛击牢房的门和墙，想让门和墙不牢固；实际上，有些思想家在门或墙上成功打出通气孔。这类努力既笨拙又徒劳无益，正如内容派的努力（例如，请阅哈特曼①的《美的哲学》），他们一针一线地织，织成一张美的"内容"的（诸如美的、崇高的、喜剧的、悲剧的、幽默的、悲怆的、牧歌的、感伤的）大网。他们妄图用这张大网囊括实在的任何形式，甚至包括他们称作"丑"的形式；他们没有发现，这样，其审美内容就会逐渐地同整个实在重合，从而不再具有异于其他内容的任何特性，因为实在之外没有任何其他内容；于是，他们的基本理论就被彻底否定。这是同义反复，正如形式派中的内容派②理论，他们坚持审美内容的概念，却界定为"引起人的兴趣的"，这样就让兴趣同处于不同历史形势的人发生关系，也就是同个体发生关系。于是，以另一种方式否定其基本论断，由于显而易见，若艺术家对构成其创造材料或问题的东西不感兴趣，他就不再创造艺术，但这种东西变成艺术，

---

① 哈特曼（N. Hartmann，1882－1950），德国唯心主义哲学家。

② 原文为：contenutisti formalisti。

只因为对它感兴趣的艺术家把它变成艺术。这是形式派的脱身之计，他们把艺术放逐到抽象的美的形式之后，这些形式自身缺乏任何内容，却能添加到内容上，以形成两种价值总和，他们害羞地把"形式与内容的和谐"引入美的形式之中，或者更果断地声明他们是某种折中主义的拥护者，该折中主义把艺术寄托于美的内容和美的形式的"关系"；这样，他们犯下和折中主义者相称的谬误，把仅在关系之内假设的性质归于关系之外的术语。

因为真相恰恰如此：在艺术中内容和形式应当清晰地区分，但它们各自不能具有艺术性质，因为恰恰它们的关系才是艺术的，也就是说，它们的统一，不能理解为抽象的、僵死的统一，而应理解为具体的、生机勃勃的统一，即先天综合的统一；艺术直觉中的情感和意象的真正审美的先天综合，对此可以重复说，没有意象的情感是盲目的，没有情感的意象是空洞的。情感和意象，在审美综合之外，不为艺术精神存在：在精神的其他领域，它们以不同姿态存在，情感将成为精神的实际方面：爱和恨、渴望和厌恶，而意象将成为艺术的死气沉沉的残渣，受到想象之风和娱乐任性的折磨。然而，这一切跟艺术家及美学家风马牛不相及，因为艺术不是空泛的想象，不是骚动的情欲，而是对这种行为的超越，凭借另一种行为，或者乐意的话，用另一种心烦意乱，即用对建构和沉思的渴望，用艺术创造的痛苦和快乐，代替这种心烦意乱。因此，只要坚持认为，内容是具有形式的，形式是充盈内容的，情感是形象化的情感，而形象是富有情感的，那么把艺术介绍为内容或形式就无关紧要了，或者纯属哪个术语更为恰当。有一个人比其他人更好地让艺术自主的概念有效，他想用词语"形式"肯定这种自主，以反对假哲学家和道德主义者的抽象内容主义，同样反对学院派的抽象形式主义，我对他怀着真正敬意，我说，我敬重他——德·桑克蒂斯，还因为他急迫地投入论战，反对将艺术同其他精神活动混为一谈的企图，故直觉美学可以称作"形式美学"。反驳的意见徒劳无益，却肯定会有人提出异议（但多以律师的诡辩提出，而非用科学家的智慧提出）：也就是说，直觉美学把艺术内容解释成情感或心灵状态，就把艺术内容限定在直觉之外，并似乎承认内容若不是情感或心灵状态，就不适于艺术精心构建，就不是审美内容。情感或心灵状态不是特殊的内容，而是用直觉目光①观察的整个宇宙；情感之外任何其他内容，可以想象为异于

---

① 原文为拉丁文。

直觉形式的一种整体形式：思想，是用认识目光①观察的整个宇宙；物理事物和数学本体，是用模式论和概念②的目光观察的整个宇宙；意志，是用意志目光③观察的整个宇宙。

另一种同样虚假的区分（区分时通常也使用词语"内容"和"形式"）让直觉脱离表现，让意象脱离意象的物理转换，把情感的幻觉，人、动物、景色、行为、冒险活动等放置一旁；把声音、声调、线条、色彩等放置另一旁；把后者称作艺术的外在部分，前者称作艺术的内在部分，前者是货真价实的艺术，后者是技巧。区分内在与外在是轻而易举之事，至少说起来很容易，尤其当不去细致入微地探究这种区分的原因和方式，其后这种区分被丢弃一旁——不要求做任何事。以致，无须思考它，甚至思考它时显得不容置疑。然而，正如在任何区分中，当从区分转向确定关系和统一时，事情就会截然不同。因为这一次会遇到令人绝望的障碍。这一次业已区分的东西，由于区分得很差，不能统一起来：这样，某种外在的并与内在东西无关的东西能够和内在东西相结合，并表现内在东西吗？一种声音或一种色彩怎么能够表现一个无声无色的意象？一种形体怎么能够表现一种无形体？自发的想象与思考，甚至技术行为如何能在同一行动中合作？当直觉和表现区分开时，当前者和后者的性质截然不同时，任凭中介术语再精巧，也不能将二者结合起来。心理学家提出并艰难展开的所有联想、习惯、机械化、遗忘、本能化的过程，终于显现出漏洞：表现在这儿，意象在那儿。似乎没有其他逃避的办法，只能在神秘事物的假设中躲避。这种神秘事物时而根据诗人的趣味，时而根据数学家的趣味，显现为某种神秘结合或某种心理物理学的平行论：前者④反过来是最终克服的平行论；后者⑤是在悠远时代或在不可知物的黑暗中赞誉的结合。

然而，在求助神秘事物（它是总来得及进入的藏身之处）之前，必须探究两种因素是否业已合理地区分，一种没有表现的直觉是否存在，是否可以想象。或许这种东西不存在并不可思议，正如没有肉体的灵魂一样。说实话，在哲学中对此种东西的谈论颇多，绝不亚于在宗教中，但谈论它

---

① 原文为拉丁文。
② 原文为拉丁文。
③ 原文为拉丁文。
④ 指神秘结合。
⑤ 指心理物理学的平行论。

并不意味着体验它并理解它。事实上，我们只认识到直觉在表现：对我们来说，当思想不能用语言表达时，就不成其为思想；当音乐意象不能具体化为声音时，就不成其为音乐意象；当绘画意象没有着色时，就不成其为绘画意象。我们并不是说，语言必须大声说出，音乐必须演奏，绘画必须固定在画布或画板上。然而，确定无疑的是，当思想真正成为思想时，当它达到成熟时，语言就会在我们整个机体流转，就会催促我们口腔的肌肉，就会在我们的耳边回响；当音乐真正成为音乐时，就会在喉咙啭鸣，或者在理想琴键上飞舞的手指上荡漾；当绘画意象真正成为绘画意象时，我们内在拥有充沛的颜料，若我们没有颜料可供使用，就会通过某种照射法，自发地为周围物品上色，正如人们讲述的某些歇斯底里症患者和某些圣徒，仅凭想象就能在手和脚上留下印记！在形成精神的表现状态之前，思想、音乐幻想、绘画意象，没有表现不仅不存在，而且一丝一毫都不存在。头脑简单的人相信它们预先存在，正因为单纯才相信那些无能的诗人、画家和音乐家的头脑里充盈着诗歌、绘画、音乐的创造，只是未能把它们转化为外在形式，或者因为他们不能忍受表现，或者因为技巧尚欠先进，从而不能为其表现提供足够手段。许多世纪前，技巧已经为荷马①、菲迪亚斯②和阿佩莱斯③提供过足够手段，却没有提供给大脑袋里装着更伟大艺术的人们，或许他们没有感觉到。有时错觉导致这种幼稚的信念：也就是说，由于我们构思并因此表现了某些个别意象，便对我们自己做出错误假设，相信自己拥有构成作品所需的所有其他意象，其实我们尚未拥有；相信自己拥有应将所有其他意象结合的生机勃勃的联系，其实这种联系并未形成，因此，无论是所有其他意象还是这种联系都没有被表现。

根据我陈述的概念，艺术被理解为直觉，就在艺术面前否定了物理世界，并把物理世界视为我们理智的抽象建构，因此艺术不知道沉思实体和外现实体④并置能做什么，它没有能力促成不可能的结合，因为其沉思实体，或更确切地说，其直觉行为是自身完善的，其后理智作为外现建构是一码事。没有表现的意象不可思议，同样，意象同时是表现却可思议，甚

① 荷马（Omero，活动时期约公元前8世纪－前7世纪），指创作古希腊两大史诗《伊利亚特》和《奥德赛》的诗人。
② 菲迪亚斯（Fidia，活动时期约公元前490－前430），古希腊雅典雕刻家。
③ 阿佩莱斯（Apelle，活动时期为公元前4世纪），希腊化时代早期画家。
④ 原文为 sostanza estesa，直译为扩展（延伸）实体。

至在逻辑上不可或缺；也就是说，意象成为真正的意象。若一首诗歌删除其韵律、其节奏、其语汇，不似某些人所认为，诗歌思想依然存在，而是荡然无存。诗歌正是作为那些词语、那种节奏和那种韵律才得以诞生。表现不能同有机体的皮肤相比较，除非说（在生理学中这样说或许不错）整个有机体在其每个细胞里、在每个细胞的细胞里都是皮肤。

然而，我若不指出这种尝试区分不可分东西，即把直觉区分为直觉和表现的深层也暗含真理，就会使我的方法论缺乏说服力，缺乏公正对待谬误的意图（我已指出内容和形式的二元性的错误，并表明该二元性趋向真理，但未能把握住真理）。幻想和技术被合理地区分开，虽然不是作为艺术的要素，它们联结并结合，虽然不在艺术领域，而是在精神整体更广阔领域里；有待解决的技术或实践问题，有待战胜的困难，真正置于艺术家的眼前。确实存在某些东西，虽然不是物理的而是精神的，正如每个实在东西，与直觉相比，可以用隐喻法视为物理东西。这是什么东西呢？让我们激动不已的艺术家，从其整个生命的无数通道迸发出表现的意象，他是个完整的人，因此，他也是个实践者；作为实践者，他重视保障不丧失其精神劳作成果、让其意象再现（为自己和他人）可能并顺利的手段；从而从事为再现作品服务的实践活动。这种实践活动，正如任何实践活动，受到认识的指导，因此被称作技术活动；作为实践活动，因同直觉（它是理论的）相区分，显得外在于理论，因此被称作物理的；由于它们被理智确定为抽象的，以致很容易给它们如此命名。通过这种途径，书写和唱机同词语和音乐相结合，切割的石料、熔化并浇铸不同形状的铁、铜及其他合金同雕塑相结合。然而，这两种活动形式截然不同，以致某人可以是一位大艺术家，但技术不佳；某人是一位诗人，却不能正确地修改自己诗稿的清样；某人是一位建筑师，却使用不合适的材料，或者对其坚固性掉以轻心。画家使用颜料，但那些颜料很快变质。类似弱点的例子数不胜数，故列举一二毫不费力。然而，如下情况不可能发生：一位大诗人，却写出烂诗；一位大画家，却不会协调色彩；一位大建筑师，却不能让线条和谐；一位大作曲家，却不会让音调协调。总之，大艺术家却不会表现。常言道，拉斐尔①就是没有双手仍然是大画家。然而，他若缺乏图画感，就不再是大画家了。

---

①　拉斐尔（S. Raffaèllo，1483 – 1520），意大利文艺复兴盛期画家、建筑师。

此外（顺便指出，因为我必须叙述精练），这种由直觉向物理事物的表面转化——同需求与经济劳动表面转化为商品完全相似——也说明了人们谈论"艺术事物"、"美的事物"，甚至谈论"自然美"的原因所在。显然，除为意象再现所需的造型工具外，还可能遇到业已存在的东西（人造的或非人造的）也履行这种职能，也就是说或多或少适合固化我们直觉的记忆。这些东西拥有"自然美"的名称，仅当艺术家善于用自己心灵把握它们，从而艺术家业已了解它们并把它们变成自己的东西，或者艺术家业已指出它们的价值并确定观察它们所需的"观点"时，它们才行使自己的权力，这样艺术家就把它们同自己的直觉结合起来。然而，"自然美"的适应性并不完美，由于"自然美"的短暂性和易变性，同艺术美相比总甘拜下风。我们让那些演说家和狂热者断言：一棵树美、一条河美、一座山巍峨，或者一匹马美和一个人物外形美，胜过米开朗琪罗①的雕塑和但丁的诗。但我们却说，后者品质更优，在艺术面前"自然"是愚蠢的，若人不让自然说话，自然就是"哑巴"。

第三种区分也在千方百计地区分不可分的东西，它抓住审美表现概念，并把该概念分成两个环节：一个本义的或确切的表现，一个是表现的或雕饰的美；在二者基础之上形成两种表现的分类法：朴实无华的表现和雕琢修饰的表现。在艺术的所有不同领域，该学说都能发现其踪迹，但在语言领域该学说得到相当发展，胜过其他任何领域。在语言领域该学说被称作"修辞学"。修辞学历经相当漫长的历史，从希腊演说家一直延续至今，除在通俗观念中（这很自然），在学校里、在论文中，甚至在自诩科学的美学中都存在。虽说修辞学至今存在，但它的最初活力已丧失殆尽。几个世纪以来，睿智者凭借惰性和传统的力量，接受了修辞学或者任其生存；为数不多的造反者几乎从未试图将其造反理论体系化，因此也从未试图根除谬误。修辞学造成的损害，由于认为"雕饰"述说异于"朴实"述说并更有价值的观念，不仅仅限于美学范围，而且波及批评领域，甚至在文学教育中也不鲜见，因为当它不能说明朴实无华的美的理由，就适合为雕琢修饰的美提供表面的辩护词，还适合激励以浮夸的、装腔作势的、不得体的形式进行写作。无论如何，它采用并依赖的各个组成部分在逻辑上是矛盾的，因为很容易证明，它破坏了需要划分为环节的概念本身，也破

---

① 米开朗琪罗（B. Michelangelo, 1475－1564），意大利文艺复兴盛期著名雕刻家、画家、建筑师和诗人。

坏了需要分类的事物。恰如其分的表现，若是恰如其分的，也是美的，美不是别的，就是意象的精确性，因此也是表现的精确性；若称表现是朴实无华的，而想要告知表现中缺少某种必不可少的东西，则在此种情况下，表现就是不恰如其分的和有缺陷的，也就是说，它不是表现或还不是表现。相反，雕琢修饰的表现，若其各个部分都富有表现力，则不能称作雕琢修饰的，而应和另一种表现一样称作朴实无华的，和另一种表现一样称作恰如其分的；若包含缺乏表现力的、附加的、外在的要素，则不是美的而是丑的，也就是说，它不是表现或还不是表现，它应当清除掉那些外在要素（正如另一种表现应当增加缺乏的要素）。

　　表现和美不是两个概念，而是一个概念，用其中哪个同义词说明该概念都是合法的：艺术想象总是有形体的，但不能臃肿，因为它只是自身，从不穿衣服或戴"饰物"。当然，在这种极其虚假的区分中暗含一个问题，即进行区分的必要性；该问题（正如可以在亚里士多德那里，在斯多葛主义者的心理学及认识论中摘取，在 17 世纪意大利修辞学家的讨论中更是一目了然）涉及思想与想象、哲学与诗歌、逻辑与美学的关系（"雄辩术"与"修辞学"，正如当时人们常说，"紧握的拳头"与"张开的拳头"）；"朴实无华"的表现涉及思想和哲学；而"雕饰"的表现涉及想象和诗歌。然而，千真万确，认识精神的两种形式的区分问题，不可能在其中一种形式——直觉或表现——中解决，那里只能发现想象、诗歌、美学，而不适当地引入逻辑学，只能给它投射一个骗人的阴影，从而让智力迟钝和失常，让智力丧失艺术的完整性和纯洁性的目光，也未给予智力以逻辑性和思想性的目光。

　　然而，"雕饰"表现的修辞学说对人类精神形式理论系统化的最大损害，涉及对语言的论述；因为，当人们承认朴实无华的、单纯语法的表现，以及雕饰的、修辞的表现时，那么语言必然和朴实无华的表现一致并且求助于语法，而进一步的结果（由于语法在修辞学和美学中没有找到位置）是必然求助于逻辑学，在逻辑学中语言具有符号学或富有表现力艺术①的次要作用。其实，语言的逻辑观念和表现的修辞学说联系紧密并且同步运行；它们一起诞生于古希腊，而且在我们时代仍然活跃，虽然彼此争斗。在语言学说中反对逻辑主义的情况少见，并且同反对修辞学的情况

---

　　① 原文为拉丁文。

一样，成效很小；只是在浪漫主义①时代（比维科晚一个世纪），在某些思想家那里或在某些精英圈子内，形成语言的幻想性或隐喻性的生动意识，即语言同诗歌而不是同逻辑联系更紧密的意识。然而，即使在精英那里也坚持或多或少非艺术的艺术观（概念主义、道德主义、快乐主义等），坚决反对语言与诗歌一致的观点。相反，我们觉得，语言与诗歌相一致既不可避免又受益匪浅，因为确定艺术是直觉、直觉是表现的艺术概念，因此也就内含地确定表现与语言的一致：毫无疑问，语言总在其全部外延上（没有随意地限定所谓口头语言，没有随意地排除其重音、手势、图解）被领会，并在其全部内涵上被理解，也就是在说话实践中被把握（没有在语法和词汇的抽象中伪造语言，没有愚蠢地想象，人们用语汇和语法说话）。人们每时每刻都像诗人那样说话，因为像诗人那样，用对话的或习以为常的形式表达其印象和情感，该形式和其他（所谓散文的、散文－诗歌的、叙述的、史诗的、对话的、戏剧的、抒情的、唱诗的、歌唱的等）形式之间没有不可逾越的鸿沟。一般说来，若人被视为诗人或总被视为诗人（由于其人性，他就是诗人）时，并非不高兴，诗人就不应当不乐于与普通百姓为伍，因为只有这种为伍才能解释诗歌（按神圣的狭义理解）对一切人类心灵的影响力。若诗歌是单独分开的语言，是"诸神的语言"，人们就不可能懂得，若诗歌能提升人，不是提高至人之上，而是在人自身中提升：在此种情况下，真正的民主性和真正的贵族性相吻合。艺术和语言的一致，自然导致美学和语言哲学的一致，一个命题可以界定另一个命题，也就是说两个命题同一；几年前我敢于将它作为一篇美学论文的题目，从围绕该论文涌现的大量"文献"看，它对意大利国内外的许多语言学家和艺术哲学家产生过影响。艺术和语言的同一性，使艺术及诗歌的研究受益匪浅，清除掉其快乐主义的、道德主义的和概念主义的残余，人们发现这类残余在文学与艺术批评中大量存在。然而，给语言学研究带来的益处也将令人瞩目，语言学研究急需清除掉当前时兴的生理学的、心理学的和心理生理学的方法，并且从东山再起的语言传统起源理论中解放出来，该理论由于不可避免的反抗，自身不可避免地同神秘理论相连。这里不再需要建构荒谬的平行论，或者促使意象与符号之间的结合；鉴于不再把语言设想为一个符号，而是设想为具有意义的意象，也就是作为自身的

---

① 18世纪末至19世纪中叶，在欧洲兴起的思想文化运动。

符号，因此它有色彩、有声音、能歌唱。具有意义的意象是想象的自发作品，而人与人约定的符号必须以意象为前提，因此以语言为前提；当坚持用符号概念解释说话，最终不得不求助于上帝，他是第一批符号的给予者，也就是用另一种方式必须以语言作为前提，这样语言就变成不可知了。

我将以一种最常见的偏见结束关于艺术偏见的报告，因为它同批评及艺术史的日常生活相混。该偏见认为可以将艺术区分为一些或许多特殊形式，每种形式都可确定其特殊概念和其限度，并且拥有其规则。这种错误学说在两类体系中形成，一类是文学及艺术的体裁理论（抒情诗、戏剧、小说、史诗及浪漫叙事诗、田园诗、喜剧、悲剧；宗教画、风俗画、家庭生活画、动物画、静物画、风景画、花果画；英雄雕像、墓葬雕塑、习俗雕塑；室内乐、教堂音乐、戏剧音乐；民用建筑、军事建筑、教会建筑，等等），另一类是艺术门类理论（诗歌、绘画、雕塑、建筑、音乐、表演艺术、园艺，等等）；有时，一类作为另一类的分支。这种偏见（此外探寻其起源不难）的最初非凡痕迹存在于古希腊文化，并且该偏见存在至今。许多美学家仍然撰写关于悲剧、喜剧、抒情诗、幽默的美学论文，撰写关于绘画、音乐和诗歌的某些论文（最后一种美学，冠以旧名称诗学）。最糟糕的是（由于那些美学家很少被关注，他们为自娱自乐或以学术谋生而写作），批评家在判断艺术作品时，没有彻底摒弃比较艺术体裁及艺术门类的习惯，他们根据自己的看法，把艺术作品归类。他们没有清晰地指出一件艺术品是美还是丑，反而接着大谈他们的印象，说什么艺术品严格遵循或严重违反戏剧的或小说的、绘画的或浮雕的规则。其后，将文学及艺术的历史按体裁史撰写的做法很普遍，艺术家作为这种或那种体裁的学者被介绍；一位艺术家的作品无论采用什么形式，诸如抒情诗、小说、戏剧等形式，总具有发展的一致性，却按体裁被分成许多部分。例如阿里奥斯托，有时属于文艺复兴时期拉丁诗研究者，有时属于用俗语写作的抒情诗人，有时属于意大利最早讽刺诗作者，有时属于最早喜剧剧作家，有时属于骑士叙事诗完善者。似乎拉丁诗、俗语诗、讽刺诗、喜剧和叙事诗不是出自阿里奥斯托同一人，仿佛不是出自采用形形色色形式进行多种多样尝试，并顺应其精神发展逻辑的这位诗人。

不是说艺术体裁及艺术门类的理论过去、现在没有其内在辩证法及其自我批判，或根据人们更喜欢的说法——自嘲。无人不知，这种情况在文学史上屡见不鲜，即一位天才艺术家的作品违反一种确定体裁，立即引起批评家的谴责，但这种谴责并未压制人们对艺术作品的赞誉和欢迎。这样，最终，既不能说艺术家有过错，也不愿说体裁批评家有过错，通常以妥协告终：体裁扩大或接受一个新体裁，如同接受一个合法的私生子。由于惰性，这种妥协一直持续到一部新天才作品重新推翻确定规则。对该学说的嘲弄还表现在其理论家不可能在逻辑上限定艺术体裁和艺术门类：他们所下的全部定义，当细致入微地考察时，或消逝在一般艺术定义中，或显现为把单个艺术作品随意地提升至种类和规则，因此不能成为严格逻辑术语。由于观点的矛盾性，千方百计严格地确定不确定的东西必然导致荒谬，甚至在莱辛①这样的大师那里也可发现，他产生如此怪异的思想：绘画表现"形体"，而不是行动和心灵，不是画家的行动和心灵！从不合逻辑的东西合乎逻辑地产生的问题也可以发现谬误：也就是说，一个确定领域分配给每个艺术体裁和门类，而哪种艺术体裁或门类更高级：绘画高于雕塑，戏剧高于抒情诗？此外，通过这样划分，每种艺术的力量获得承认，若将这些分开的力量再结合为一种艺术，就像联军驱逐孤军一样，驱逐其他种艺术，不是更合适吗？例如，一部作品内聚集诗歌、音乐、舞台艺术、装饰，不是比歌德的一首歌或列奥纳多·达·芬奇的一幅画更具有审美力量？这些问题、区分、判断和定义激励反叛艺术感和诗歌感，而艺术感和诗歌感却钟爱每部作品本身，把它视为生动的、独特的和无与伦比的创造物，并且知道每部作品都具有独特的规律和充分的、不可替代的价值；从而产生艺术心灵的肯定价值和职业批评家的否定价值之间的争议，或职业批评家的肯定价值和艺术心灵的否定价值之间的分歧；有时职业批评家被视为学究并非没有道理，虽然艺术心灵被视为"没有武装的先知"，即没有能力推理并从其判断中推演出正确内在理论，没有能力用正确内在理论对抗对手的迂腐理论。

这一正确内在理论恰恰是艺术即直觉或抒情直觉的观念，由于每部艺术作品表现一种精神状态，而精神状态是独特的和常新的，直觉会引起无数直觉，不可能把它们放入诸体裁卡片柜，除非它由无数个卡片箱构成，那就不再是诸体裁的卡片柜，而成为直觉的卡片柜。另外，由于直觉的独特性包含表现的独特性，一幅画与另一幅画的差异不会小于它与一首诗的差异，诗和画的价值不在于空气中震荡的声音和被光折射的色彩，而在于

---

① 莱辛（G. E. Lessing, 1729 – 1781），德国伟大戏剧家，还是哲学家和美学家。

它们会向精神倾诉的东西，由于它们在精神中内在化了。为了建构另一体裁或门类系列，求助于表现的抽象手段将徒劳无益。这等于说，任何划分艺术的理论都毫无根据。在此种情况下，体裁或门类只有一个，即艺术本身或直觉，其后单个艺术作品数不胜数：一切作品都是原创的，任何一部作品都不能译成另一部作品（由于要用艺术灵感翻译，翻译就是创造新艺术作品），每部作品理智都驾驭不了。用哲学分析，在普遍与特殊之间，未插入任何一个中间因素、任何体裁或门类的系列。无论是创造艺术的艺术家，还是静观艺术的观赏者，只需要普遍和特殊，或更确切地说，只需要特殊化的普遍，即只需要普遍的艺术活动，该活动收缩并集中于表现一个独特精神状态。

然而，若纯粹艺术家和纯粹批评家以及纯粹哲学家不触及体裁、门类、等级，那么纯粹哲学家通过其他方面，也会相信它们的效用。这种效用是那些错误理论的真实方面，我不会不提及。当然，编织一张种类的大网有益，但不是为了艺术生产，因为艺术生产是自发的，也不是为了判断，因为判断是哲学性的，而是为了凭借注意力和记忆力，以某种方式收集并限制数不胜数的单个直觉，为了以某种方式给数不胜数的单个艺术作品编号。很自然，这些等级总根据抽象意象或抽象表现显现，因此，作为精神状态的等级（文学与艺术的体裁）和表现手段的等级（艺术门类）。这里不值得反驳：艺术的不同体裁和门类的区分是随意的；一般二分法本身也是随意的。无疑，人们承认该进程是随意的，但其后随意变得无害并有益，因此也从该进程中清除应用哲学原则和标准进行艺术判断的一切奢望。这些种类和等级有益于艺术认识和艺术教育，对前者提供最重要艺术作品索引，对后者提供艺术实践启示的忠告要点。一切在于不要把索引同实在相混，不要把告诫及假设命令同绝对命令相混。人们很容易将它们混为一谈，但应当并能够抵制这种错误。文学教育、修辞学、语法（包括演说各部分划分、词法及句法规则）、音乐作曲艺术、诗韵学、绘画技巧诸如此类的著作，主要是索引和规则；然而，其次，这些著作中显现出趋向独特艺术表现的倾向，在此种情况下，它们应被视为仍然抽象的艺术、准备中的艺术（古典主义的或浪漫主义的诗歌艺术，纯洁主义的或大众化的语法，等等）；再次，它们显现出用哲学理解其论题的努力和尝试，但这些努力和尝试却被（遭我批判的）艺术划分为体裁及门类的错误所败坏。进而，这种错误因自身矛盾，开辟通向艺术独创性的正确学说之路。

无疑，初看，这种学说产生某种迷惑：个别的、原创的、无法翻译的、不能分类的诸直觉，似乎摆脱了思想的统治，思想若不把这些直觉置于其相互关系中，就不能统治诸直觉；这一点恰恰是业已展开的学说所禁止的，该学说并非自由的或自由主义的，相反具有无秩序或不守法的气质。

在审美上，一首小诗等同于一部长篇叙事诗；一幅小画或草图等同于一幅祭坛画或一幅壁画；一封信能是一部艺术作品，并不亚于一部小说；甚至一篇精彩的译文，也和原作一样具有原创性！这些命题是不能反驳的，因为它们是从可靠前提按逻辑思路推演出的；它们将是真实的，虽然它们是自相矛盾的（无疑，这倒是个优点），或同普通看法相反。然而，它们偶尔不也需要某些补充吗？若人们不想在直觉后面头脑昏迷的话，也应当存在一种方式，用以整理、命令、结合、理解并控制直觉的混乱。

事实上，存在这种方式，当否定抽象分类的理论价值时，并不想否定那种创始、具体分类的理论价值，其实它不是"分类"，而被称作历史。在历史上，每部艺术作品都占据属于它的位置：卡瓦尔坎蒂①的民谣和安焦列里②的十四行诗，它们仿佛转眼即逝的叹息或笑声；但丁的《神曲》似乎浓缩了一千年的人类精神；梅尔林·科卡伊③的《通心粉》，它在滑稽言行中开辟通向诗歌精致之路；卡罗④翻译的《埃涅阿斯纪》⑤ 具有 16 世纪意大利优雅风格；萨尔皮⑥的枯燥乏味的散文和巴尔托利⑦的耶稣会士华而不实的散文。不需要把原创的东西判断为不原创，只因为它还活着。不需要把不大不小的东西判断为小的，只因为它逃避了度量；若乐意，或许说它或大或小，但只是通过隐喻，想要表示欣赏并指出某些重要关系（全然不是算术的或几何的关系）。在变得日益丰富和确定的历史中，而不是在日益空洞，并且越高越脆弱的经验概念金字塔中，发现所有艺术作品或所有直觉的联系。因为在历史中，它们作为精神发展的连续和必要的阶段，被有机地联系起来，所有艺术作品（或所有直觉）都是不朽长诗的标志，这种不朽长诗让所有单独诗篇在自身和谐一致。

---

① 卡瓦尔坎蒂（C. Cavalcanti，约 1255 – 1300），意大利诗人，但丁的挚友。
② 安焦列里（C. Angiolieri，约 1260 – 1312），意大利诗人，意大利滑稽诗大师。
③ 梅尔林·科卡伊（Merlin Cocai，1491 – 1544），意大利诗人，首创用意大利文、拉丁文混合写成的诗文。这是他的笔名，原名福仑戈（Teofilo Folengo）。
④ 卡罗（A. Caro，1507 – 1566），意大利作家。
⑤ 古罗马著名诗人维吉尔用 11 年写成的民族史诗。
⑥ 萨尔皮（Sarpi，1552 – 1623），圣母马利亚会修士，意大利历史学家和学者。
⑦ 巴尔托利（D. Bartoli，1608 – 1685），耶稣会修士，意大利文学家。

三 艺术在精神中及人类社会中的位置

关于艺术的从属性和独立性的论战，在浪漫主义时期达到白热化程度，当"为艺术而艺术"的箴言形成时，另一箴言"为生活而艺术"作为明显反题也产生了。说真话，从那时起，这场论战主要发生在文学家和艺术家之间，而不是在哲学家之间。当今，这场论战已经引不起兴趣，沦为新手自娱自乐和进行训练的题目，以及学术讲演的论题。但是，在浪漫主义时期以前，甚至在思考艺术的最古老文献中，可以发现这场论战的痕迹；而那些研究美学的哲学家，当他们似乎忽视这场论战时（自然，他们对以庸俗形式展开的论战不屑一顾），却可以说也在思考这场论战，而没有思考其他。因为，说到底，争论艺术是从属还是独立，是自主还是他治，意味着探究艺术是否存在，若存在，则什么是艺术。一种活动的原则若取决于另一种活动的原则，若认为其存在仅仅是被推定的和约定俗成的，则实际上这种活动就是另一种活动：艺术取决于道德、快乐或哲学，它就是道德、快乐或哲学，而不是艺术。若判断艺术不是从属的，最好探究艺术独立性的基础所在，也就是以何种方式区别于道德、快乐、哲学及其他所有事物；也就是说艺术是什么，并指出真正自主的东西是什么。还可发生下述情况：那些肯定艺术独特性的人们，其后却断言，虽然艺术保持自己的特性，但服从具有更高尊严的其他形式（正如过去人们所说），艺术做伦理学的婢女，做政治的阁员，做科学的译员。然而，这只证明有些人惯于自相矛盾，惯于让其思想不一致。他们是轻率的冒失鬼，他们生存不需要任何证明。至于我们方面，要想方设法不陷入轻率鲁莽的境地；我们也已说明，艺术作为精神性异于所谓物理世界，作为直觉异于实践、道德和概念的活动。我们无须焦躁不安，我们认为由于第一个论证，业已同时证明艺术的独立性。

然而，在从属性或独立性的争论中内含另一个问题；之前我有意不提，现在我将考察此问题。独立性是一个关系概念，在这方面，绝对地独立就是绝对或绝对关系；所有特殊形式和概念，一方面是独立的，另一方面又是从属的，或者说同时是独立的和从属的。若并非如此，一般地说，精神和实在将是一系列并置的绝对，或是（并无不同）一系列并置的虚无。一种形式的独立性假设物质存在，以对该物质施加影响。正如我们在论述艺术种类时所见，艺术作为一种情感质料或激情质料的直觉形态；在绝对独立性中，由于形式本身缺乏任何质料和养料，本身就是空洞的，将会自消自灭。然而，由于被承认的独立性禁止把一种活动视为要服从另一种活动原则，从属性就应当保障独立性。然而，假设一种活动让另一种活动决定，就像另一种活动让这种活动决定一样，仿佛两种对立的力量，谁也不能战胜对方，则该独立性就不会得到保障；因为，若战胜对方，就是纯粹的、简单的从属性，从而就被排除在外了。因此，在一般地考察事物时，似乎只能在条件与受条件限制东西的关系中，思考不同精神活动的独立性和从属性共存。在这种关系中，受条件限制东西超越条件，并以条件作为前提，其后反过来变为条件，并产生新的受条件限制东西，以构成一系列发展。该系列并无其他缺陷，只是其首环是没有一个以前受条件限制东西的条件，其末环是不能反过来变成条件的受条件限制东西，这样导致发展规律本身的双重破碎。此外，若末环变成首环的条件，而首环变成末环的受条件限制东西，这一缺陷也能消除；也就是说，若把一系列发展设想为相互作用，或更确切地说（为了摒弃任何自然主义术语），把它设想为一个圆。这种观念似乎是走出困境的唯一出路，精神生活的其他观念仍在这种困境中挣扎。从而，一种困境在于让心灵的各种独立及无关系的能力聚集，或者让价值的各种独立及无关系的观念聚集，正如另一种困境，让所有不同能力或价值观念服从一种能力或价值观念，并在它之中解决它们，而它处于静止及无能为力状态，或者最终把它们设想为线性发展的必要阶段，这种线性发展从无理性的起点开始，抵达想要成为最理性的终点，但其后终点变成超理性的，由于是超理性的，它也是非理性的。

　　然而，最好不要坚持这种有点抽象的模式，相反应从审美精神开始，思考该模式如何在精神生活中落实。为了实现这一目的，我们再次谈论艺术家，或人—艺术家，他完成从情感骚动中解放的过程，他把情感骚动具体化为一个抒情意象，即完成了艺术。在这一意象中，他感到心满意足，因为他为趋向它勇往直前并辛勤工作。大家对两种喜悦都有一定程度了解：一种是能让自己心灵震撼的完美表现的喜悦①，另一种是为他人心灵的喜悦，也是我们的心灵，在沉思他人的作品，在某种方式上也是我们的作品，是我们完成的作品。② 但心满意足是最终的吗？人－艺术家只趋向意象吗？他趋向意象的同时，也趋向其他东西：作为人－艺术家趋向艺术，作为艺术家－人趋向其他东西；在第一级趋向意象，但由于第一级同第二、三级相连，也趋向第二、三级，虽说是直接地趋向第一级，而间接地趋向第二、三级。现在，他已经抵达第一级，第二级立即显现，并且从间接目标变为直接目标；他面对新的需求，新的过程开始了。请好好注意，不再是直觉能力给另一种能力让位，几乎由于快乐或服务轮换；而是直觉能力本身，或更确切地说，是精神本身，起初仿佛是并在某种意义上是全部直觉，现在在自身展开新过程，新过程源于第一级内部。在我们之中，"一个心灵对另一个心灵"（让我再一次引用但丁的话）没有燃起火焰，但起初完全汇集于唯一"美德"的唯一心灵，"似乎不再服从任何力量"，却对唯一美德（在艺术意象中）感到满足，但伴随心满意足，在那种美德中发现自己不满足：他感到心满意足，因为那种美德给予他一切，它能够给予他所期待的一切；他不满足，因为他在得到那一切后，由于美德满足他最后柔情，"得到所需求和应感谢的东西"：要求满足由最初满足引起的新需求，而没有最初满足，新需求就不可能出现。通过持续不断的经验，我们大家还了解，意象形成之后才产生新需求。乌戈·福斯科洛③和阿雷塞伯爵夫人私通，那是什么样的爱情，她是什么样的女人，他心知肚明，这从他写给她并印成书的书信可以证明。但是，在他热恋她的片刻，他感到拥有她，就像感受到最高极乐至福，在赞美的激情中，他想把这个必死女子变成不朽的女人，在未来人的信仰中，他想把这个世俗女子变成女神，他由于爱情的美德，完成一项新奇迹。他已经发现她升入天堂，成为崇拜和祈祷的对象：

　　　　而你，女神，在我的赞美诗中，

---

① 这是艺术家的喜悦。
② 这是鉴赏者的喜悦。
③ 乌戈·福斯科洛（Ugo Foscolo, 1778 – 1827），意大利诗人、小说家。

将会听到伦巴第①人子孙的誓愿！

　　这种爱情的变态若在一瞬间未被严肃地渴望和仰慕（爱恋者，甚至哲学家先生，若他们也曾恋爱，可以证明严肃地渴望这类蠢事），则颂歌《致重归于好的女友》不会在福斯科洛的精神中形成，在表现其女神般女友的诱人魅力时，那意象不会如此生动、自然。然而，那种心灵的震颤，现在已经变成神奇的抒情表现，曾是什么呢？事实上，福斯科洛是士兵、爱国者、学者，他因精神的诸多需求而激动不已，却在那种渴望中被耗尽消解？这种渴望确实产生过强烈作用，甚至能够改变他的行动，并以某种方式为他指出实践生活的方向？正如在恋爱过程中，福斯科洛有时并不缺乏敏锐洞察力。于是，在他的诗作面前，创造激情平息后，他回归了自我，并重新拥有锐利目光，他问自己并竭力确定他实际想要什么，或那个女人值得什么。或许在形成意象时，这种怀疑溪流就渗入他的心田。若我们的耳朵没有受骗，就会在颂诗的此处或彼处，听到对那个女人优雅的嘲讽，对诗人自身的讽刺。在更纯净的精神中，不会发生此事，诗歌也会完全单纯地吟出。无论如何，福斯科洛作为诗人已完成任务，因此不再是诗人（除非诗人东山再起）。现在，他感到需要认识自己的实际状态，不再塑造意象，因为他已塑造完毕，他不再幻想，而是感知并叙述（他晚些时候将把那位"女神"说成那个"女人"，"她的心头只有一丝智慧"）；对他、对我们而言，那抒情意象变成自传片断或一种感知。

　　伴随感知我们进入一个新的极其广阔的精神领域；言语确实不足以讽刺那些思想家，一如既往，他们将意象和感知混为一谈，把意象变为感知（艺术作为自然的肖像、抄本或模仿，或个人和时代的历史，等等），更为糟糕的是，他们把感知变成某种被"感官"把握的意象。然而，感知是不折不扣的完整的判断，作为判断，感知包含一个意象和制约意象（实在、质，等等）的范畴或精神范畴体系；对于意象或情感和幻想（直觉）的先天审美综合而言，感知是表现和范畴、主语和谓语的新的综合，即先天逻辑综合。关于这种新综合，适合重复涉及另一种综合所说的一切，甚至在这种综合中，内容和形式、表现和范畴、主语和谓语，不是由第三者结合的两种因素，而是表现作为范畴，范畴作为表现，存在于一个不可分的统

---

　　①　伦巴第，是意大利北部大区，首府是米兰。

一体：主语只在谓语中才是主语，谓语只在主语中才是谓语。其次，在其他逻辑行为中，感知不是一个逻辑行为，也不是这些行为中最基本最不完美的；然而，善于从感知中挖掘其蕴藏的全部宝藏者，不需要在它之外探寻逻辑性的其他限定，因为对实际发生事情的意识（其杰出文字形式取名为历史），对普遍的意识（其杰出文字形式取名为体系或哲学），从感知（感知本身就是这种综合性重复）中重复产生。哲学和历史仅仅由于这种感知判断的综合联系（它们从中产生并在其中生存）构成高超的统一。哲学家发现了这种统一，将哲学和历史视为同一；并且具有良知的人们，以他们的方式也发现这种统一，他们总观察到，悬在空中的观念是幽灵，只有真实的并值得认识的一切，才是发生的事实、实际的事实。而感知（感知的多样性）也能解释如下原因：人的理性竭力摆脱哲学和历史，并让一个类型及规律的世界（它受度量和数学关系统治）凌驾于它们之上；也就是说，在哲学和历史之外，让自然科学和数学形成。

这里，我的任务不是提供逻辑学提纲，正如我已经并正在提供美学的提纲；因此，我暂且把确定和展开逻辑学和理性、感知、历史的认识的任务搁置起来，我将再次抓住进程的主线，这次不从艺术及直觉的精神出发，而从逻辑及历史的精神出发，后者已经超越直觉精神，并且在感知中塑造意象。精神在此形式中感到心满意足吗？当然，大家都了解知识和科学引起的强烈满足感；大家通过考察都知道人们的渴望：发现被我们的错觉掩盖的实在真相；即使那真相可怖，发现总伴随极度快乐，因掌握真理而心满意足。然而，这种心满意足或许不同于以前艺术的完全彻底的心满意足？在满足认识实在之旁，难道不会萌生不满足？这一点确定无疑，通过渴望行动对业已认识的不满足显现出来（正如大家通过考察也知道）：认识事物的实际形势很好，但认识它是为了行动；更好地认识世界，但为了改变世界：在认识时，在摧毁时，在革新时。① 在认识时，任何人都不会止步不前，连怀疑主义者或悲观主义者也不例外，由于这种认识，他们采取这样或那样的态度，采取这种或那种生活方式。业已固化获取的认识，即"理解"后的"牢记"，没有理解（仍用但丁的话）"不会形成科学"，不会形成种类、规律及度量标准、自然科学和数学（我刚才提及），它们超越理论行为，并着手落实于行动。每人不仅通过经验知道，而且通

---

① 原文为拉丁文。

过事实检验证实，事情总是如此运行；然而，若人们这样思考，就会发现事情不能不这样发展。过去（在不少不自觉的柏拉图主义者、神秘主义者和禁欲主义者那里，现在仍然如此）人们相信，认识或许把人提升至上帝、理念、理念世界、绝对的高度，超越了人类的现象世界。这很自然，当人因违反本性的努力而背离自身时，他抵达那个更高区域，又愚蠢地返回地面。在地面上，他能够并应当永远幸福快乐，永远无所事事：那种不再是思想的思想，如同符合不是实在的实在。然而，当（在维科、康德、黑格尔等作者和类似异端首领那里）认识已经降落地面，不再被设想为静止不动实在的或多或少枯燥乏味的抄本，而是作为人类连续不断的作品，所产生的不是抽象理念，而是具体概念。这些概念是演绎推理和历史判断，是对实在的感知；实践也不再是表示贬黜认识的东西，不是再次从天跌落在地，或从天堂坠入地狱，也不是人可以消解或可以避免的东西，而是同理论本身同样重要，作为理论的需求，有这样的理论，就有这样的实践。我们的思想是一个历史世界的历史思想，是一个演进的演进过程；刚刚说出对一个实在的鉴定，那鉴定就失去价值，因为它本身业已产生新实在，期待着新鉴定。一个新实在，它是经济及道德的生活，它把理智的人变成实践的人、政治家、圣徒、企业家和英雄，并且把先天的逻辑综合变为先天的实践综合；然而，这个新实在也总是新感受、新欲望、新意愿、新激情，在新激情中精神不能止步不前，并且首先作为新物质激发新直觉、新抒情、新艺术。

　　这样，系列的末环和首环重新联结起来（正如我在开始时所说），这个圆又圈起来了，进程重新开始：进程是已完成进程的再现，从而产生维科的概念，它是用词语"循环"表述的，现在该词语已成经典。然而，我所描绘的进程，既用以解释艺术独立性，又指出艺术显得从属性的动因，即我业已批判过的错误学说（快乐主义的、道德主义的、概念主义的，等等）的构思者认为艺术从属的那些动因。此外，我在批判时着重指出，每种错误学说都提及某些真实东西。若有人问，在精神的各种活动中，哪种活动实在，或所有活动都实在，则必须回答哪一种都不实在，因为唯一实在是所有活动的活动，实在并不存在于任何特殊活动中，即我们逐渐区分的综合——审美综合、逻辑综合、实践综合——中，唯一实在是综合的综合，即精神，它是真正的绝对、纯粹的行动。① 然而，从另一角度看，并

---

① 原文为拉丁文。

按相同理由，在精神的统一中，在永恒的循环往复中，即在它们永恒的恒定及实在中，它们都是实在的。人们在艺术中看见过或看见概念、历史、数学、种类、道德、快乐及其他所有东西，都有道理。因为在艺术中，凭借精神的统一，上述东西和所有其他东西都存在；甚至它们的存在，以及趋于将所有活动形式融为一炉的艺术（正如任何其他形式）的强烈片面性，可以用以解释一种形式向另一种形式的转化，一种形式在另一种形式中完成，即可以说明发展的进程。然而，其后，那些人犯了方法错误（根据区分，而区分是统一体不可分割的环节），他们把所有形式都抽象地视同一律并混为一谈。因为在艺术中，概念、种类、数目、度量、道德、效用、快乐和痛苦，全都作为艺术而存在，或作为前项，或作为后项，或更确切地说，作为前项和后项；因此，它们作为前提存在（用德·桑克蒂斯喜欢的表述，它们被弱化和被遗忘），或者作为预感存在。没有那种前提，没有那种预感，艺术就不成其为艺术；然而，若人们想把那些需求强加给作为艺术的艺术，艺术也不成其为艺术（精神的所有其他形式也将被艺术骚扰），艺术是并只能是纯粹直觉。即使艺术家的艺术素材在道德上和哲学上低下，也永远不能在道德上和哲学上谴责艺术家：作为艺术家，他不活动不推理，却吟诗、作画、歌唱，总之在表现自己；若我们采用其他标准，就会回到对《荷马史诗》的谴责，如 17 世纪的意大利批评家和路易十四时代的法国批评家所为，对他们称为"习俗"的一切，对那些好争吵、爱闲聊、粗暴、残忍、缺乏教养的主人公们嗤之以鼻。可以正确地批判但丁诗歌中暗含的哲学，但这种批判就像地道，只深入但丁艺术的地下层面，而处于地表的艺术完好无损；马基雅维利①可以根除但丁的政治理想，像猎狗般的解放者那样告诫：再不要一个超民族的皇帝或教皇，而需要一位民族的暴君或君主；却没有根除但丁那种渴望的抒情性。同样，可以告诫不要给青少年展示某些画、阅读某些小说和戏剧；但这种禁止的告诫和行为只在实践领域徘徊，并未触及艺术作品，虽然用作再现工具的书和画布，它们作为实践产品，具有市场上相当于黄金或小麦的价格，这样它们适合锁在书房里或衣柜内，甚至以萨沃纳罗拉②方式在"惩罚虚荣的

---

① 马基雅维利（N. Machivelli, 1469 – 1527），意大利政治家、政治学家、历史学家、文学家。代表作为《君主论》。
② 萨沃纳罗拉（G. Savonarola, 1452 – 1498），多明我修士，天主教改革派，在 1494 年梅迪奇家族倒台后，成为佛罗伦萨共和国的实际统治者。

火刑"中被付之一炬。由于曲解统一的冲动,将发展的不同阶段混淆,在艺术超越道德时,却奢望道德制约艺术,或者在科学制约或超越艺术时,或者科学本身已被生活制约并超越时,却奢望艺术制约科学。以上就是正确理解的统一,同时是严格的区分应当摒弃并禁止的东西。

应当禁止和摒弃它,还因为循环的不同阶段的有序限定不仅能够认识精神不同形式的独立性和从属性,而且能够认识一种形式有序保存于其他形式中。这方面产生一些问题,有一个问题我最好提及,或更确切地说重复一下,由于我已经暗含地提及:想象与逻辑、艺术与科学之间的关系。其后,从本质上看,该问题同研究诗与散文之间区别时显现的问题相同:至少(很快就得以发现,因为在亚里士多德的《诗学》中就可找到)人们业已承认,区分不能根据无韵律述说与有韵律述说的标准进行,因为可以有散文形式的诗(例如,小说和戏剧),也有带韵律的散文(例如,训世诗和哲理诗)。因此,只能应用更内在的标准,即意象与感知、直觉与判断、更加清晰的标准进行区分;诗是意象的表现,散文是判断或概念的表现。然而,实际上,两种表现作为表现,其性质相同,二者都具有相同审美价值;因为,若诗人是其情感的抒发者,散文家同样也是其情感的抒发者,也就成了诗人,虽然其情感源于概念研究并存在于概念研究中。没有任何理由只承认十四行诗作者的诗人身份,而拒绝给撰写了《形而上学》、《神学大全》、《新科学》、《精神现象学》的作者,[①] 或叙述伯罗奔尼撒战争历史,[②] 奥古斯都[③]和提比略[④]的政治历史或"普遍史"的作者以诗人资格。在所有这些作品中,有着同样的激情、同样的抒情及表现的力量,它们绝不比任何一首十四行诗或其他诗篇逊色。这样,人们企图给诗人保留诗性而拒绝把诗性给散文家的所有区分,类似于那些巨石,费了九牛二虎之力搬至陡峻山峰,却毁灭性地坠落山谷。当然,存在一个一目了然的差异;但是,为了确定差异,最好不要用自然主义逻辑方法将诗与散文割裂,如同将两个相互对立的并列概念割裂一样;而应当从诗向散文过渡的发展过程中思考它们。在这种过渡中,作为诗人,凭借精神的统一,不仅

---

① 四部西方学术经典的作者分别是亚里士多德、托马斯·阿奎那、维科和黑格尔。

② 指公元前 431~前 404 年,发生在斯巴达和雅典之间的一次大战。《伯罗奔尼撒战争史》的作者是修昔底德。

③ 奥古斯都(Augusto,公元前 63 - 公元 14),罗马帝国第一位皇帝。

④ 提比略(Tiberio,公元前 42 - 公元 37),罗马帝国第二位皇帝。

以激情材料为前提，而且保持激情并提高至诗人激情（艺术激情）；同样，思想家或散文家不仅保持其激情，把它提高至科学激情，而且还保持直觉力量，从而他的判断和缠绕判断的激情同时表现出来，因此，这些判断具有新科学性，同时也具有艺术性。为了欣赏科学采用的审美形式，我们必须以科学性为前提，同时不考虑科学性和科学批评，就总能沉思这种艺术性。正由于这一原因，科学同时属于科学史和文学史，虽然呈现不同面貌。修辞学家至少任性地拒绝把"散文的诗"列入诸种诗中，但有时"散文的诗"比矫揉造作的"诗的诗"更像纯粹的诗。这里，我最好重提另一种性质的问题（我已略微提及）：艺术与道德的关系。这种关系因二者直接同一而被否定，但现在必须再次说明，必须指出诗人在从其他所有激情中解放出来时，保持艺术激情，同样在艺术中保持责任意识（对艺术的责任），并且每位诗人在创造活动中都是道德的，因为他在履行神圣职责。

精神不同形式的秩序及逻辑使得其一种形式为另一种形式所必需，因此所有形式都不可或缺，于是发现通常以另一种形式的名义否定一种形式的错误：哲学家（柏拉图）和道德家（萨沃纳罗拉或普鲁东）的错误，或自然主义者和实践者的错误（人数太多，我就不指名道姓了！），他们拒绝艺术和诗；相反，艺术家的错误是反对批评、科学、实践和道德，正如诸多"浪漫主义者"在悲剧中，诸多"颓废主义者"在喜剧中所为。我们对此类错误及愚蠢做法还可以宽容（根据我们一贯的方法——不让任何人完全不满意），因为显然在他们相同否定中存在可以肯定的东西，比如反对艺术、科学、实践和道德的某些伪概念或某些伪表现（例如，柏拉图反对作为"智慧"的诗的观念，萨沃纳罗拉反对意大利文艺复兴欠严肃，从而腐朽并很快瓦解的文明，等等）。然而，若他们认为：没有艺术，哲学自身就缺乏，因为哲学就缺乏决定其问题的条件，而为让哲学能够独自与艺术对立，就必须断绝哲学呼吸的新鲜空气；若他们还想到，当实践不由渴望，（正如常言所说）不由"理想"、"亲切的想象"即艺术推动并因而不生机勃勃，就不是实践；这一切只能证明他们愚蠢透顶。相反，没有道德的艺术——从颓废主义者那里窃取"纯美"名号的艺术，并对它焚香膜拜，就像在群妖中对一个魔鬼焚香膜拜一样——由于它所源于的生活缺乏道德，并被生活所包围，从而作为艺术解体了，变成心血来潮、淫荡和骗术；艺术家不再为艺术服务，而是艺术作为最卑劣的女奴为艺术家私人的、蝇头小利服务。

　　然而，有人对有利于澄清艺术独立性和其他精神形式关系的循环观念提出异议，这种异议把精神作品描绘成乏味、忧郁的建构和拆毁，围绕自身单调的旋转——不值得付出辛劳。当然，并非隐喻没给滑稽模仿文学作品和漫画留有一席之地；此外它们在令我们高兴片刻之后，却逼迫我们严肃地思考隐喻中表达的思想。思想不是徒劳无益的重复过程，相反，正如显而易见，是在循环往复中持续不断丰富。末项再次变成首项，但已不是原初的首项，而本身具有概念的多样性及确定性、经历生活的经验，甚至沉思作品的经验，这些是原初首项所缺乏的；该末项为更崇高、更完美、更完整、更成熟的艺术提供了材料。以致，循环观念不是表示永远相同的旋转，而是精神和实在本身的进步、永久生长的真正哲学观念。这里没有一丝一毫重复，除了生长的形式外；除非想对一个行路人提出异议，说他的行走是站立不动，因为他总用相同节奏移动双腿！

　　反对循环观念的另一种异议，或更像另一种造反行动，人们经常地注意到（虽说未清晰地意识到）：某些人或不少人忧心忡忡，他们企图粉碎并超越作为生活规律的循环，试图到达一个平静区域，那里业已远离深海，站在岸上，无须气喘吁吁地奔跑，只需回头静观波浪滔天。然而，我已经指出这种平静是什么：在某种提高和升华的假象下，是对实在的实际否定；当然可以实现这种平静，但应当称作死亡：是个体的死亡，而不是实在的死亡，实在不会死亡，实在奔跑不会气喘吁吁，只会享受快乐。其他人梦想一种高级精神形式，在此种形式中循环化解，这种形式应当是思想的思想，是理论和实践的统一体，是爱、上帝或该形式的其他名称；人们没有发现，这种思想、这种统一、这种爱、这位上帝业已存在于循环中，并且为循环而存在；人们没有发现，几乎在另一世界的神话中（该神话再现与真实世界相同的戏剧），他们徒劳无益地复制一种已经完成的研究，隐喻地重复业已发现的东西。

　　迄今为止，我已经把理想的、超时间的真实戏剧草拟出来，我使用了"首先""其次"，只是为了用词方便以表示逻辑顺序：说它是理想的和超时间的，因为该戏剧每时每刻、在每个个体那里整场表演，正如宇宙的每个粒子都渗透上帝精神。然而，在理想戏剧中不可分的理想环节，在经验实在中，人们可以发现，它们作为理想区分的强有力象征如何可分。不是说它们真正可分（理想性是真正的实在），而是说对按种类进行观察的人们而言，从经验上看似乎可分，因此他们除了扩大或夸大理想差异外，没有其他办法为所关注的事实特性分类。于是，艺术家、哲学家、历史学家、博物学家、数学家、商人、志士仁人，似乎彼此泾渭分明地生活；艺术、哲学、史学、博物学、数学等文化领域，经济生活和道德生活（以及与之相关的学科）领域，似乎彼此截然不同地构成；甚至，数千年人类生活似乎被分成若干时代，其中表现这种、那种或几种理想形式：想象的时代、宗教的时代、思辨的时代、博物学的时代、工业的时代、政治激情的时代、道德热忱的时代、热衷享乐的时代，诸如此类，不一而足；这些时代都具有或多或少完美的重复过程。然而，具有历史学家目光的人们，在个体、阶级、时代的一致中，发现永久的差异；而具有哲学家意识的人们，却在差异中发现统一；而具有历史学家目光的哲学家，在那种差异和统一中发现理想的进步，也就是历史的进步。

然而，现在我们瞬间也如经验主义者那样述说（由于经验主义存在，有些益处）；我们自问：我们时代或我们将走出的时代属于什么类型；其主要特征是什么？对这一问题，可以立即作出回答：它在文化上一直是自然主义的，在实践上一直是工业的；但人们一致否定哲学和艺术的伟大是该时代的特征。然而，由于（经验主义业已处于危险之中）任何时代没有哲学和艺术都不能生存，当然我们时代也有哲学和艺术，并以我们时代能够具有的方式存在。我们时代的哲学和艺术，前者间接地、后者直接地置于思想之前，作为证明我们时代真正复杂和完整的文献。通过解释这些文献，我们可以清晰地认识我们责任的关键所在。

色情、物欲横流、贪图享乐的当代艺术靠混乱的努力趋向误解的贵族艺术，显露出其骄奢淫逸的或专横、残忍的理想；有时还思慕同样自私自利和骄奢淫逸的神秘主义；这种艺术不信上帝，不信思想，疑虑重重，悲观绝望（这种艺术在让人们处于如此精神状态方面非常强大），道德主义者徒劳无益地谴责这种艺术，其后当其深刻动因及其起源被理解时，引起的行动肯定不是谴责、抑制或矫正艺术，而是坚定不移地指引生活朝着更健康、更深刻道德方向发展，这种道德将是内容更崇高的艺术之母，我说还是更崇高的哲学之母；这是比我们时代哲学更崇高的哲学，它不仅善于理解宗教、科学和哲学本身，而且善于理解艺术本身。对实证主义者、新批判主义者、心理学家和实用主义者而言，艺术再次变成深不可测的神秘之物，或更是可怕大错的论题，他们迄今为止几乎仅仅阐述了当代哲学，并且重新坠入（当然，为了重新获取力量，并让新问题成熟！）艺术观的最幼稚、最粗俗形式的低谷。

四　批评与艺术史

艺术家经常把文艺批评视为好发脾气、专横的教师，他下达反复无常的命令，强加禁令，赐予特许证，从而按自己喜好决定他们作品的命运，对这些作品或有益或有害。因此，艺术家或者对文艺批评显得服从、谦卑、阿谀奉承，但在内心却厌恶之极；或者当他们没有实现自己的意愿，或高傲心灵不愿屈就去搞诏媚者式艺术时，他们就造文艺批评的反，咒骂并讥讽它，否定其效用，还把批评家（我本人有此体验）比作闯进陶瓷店的驴子，伴随着驴蹄的响声，① 正在阳光下晒干的精致艺术品被踏得粉碎。说真话，这次的过错是艺术家的，他们不知道什么是文艺批评，他们期待文艺批评的青睐，他们害怕文艺批评的损害，其实文艺批评对此都无能为力。因为，显而易见，正如任何批评家不能让非艺术家成为艺术家，同样任何批评家也不能凭借无能的形而上学，败坏、击败，甚至轻微损害真正的艺术家。这种事情在历史进程中从未发生过，在我们时代不会发生，请放心在将来也不会发生。然而，有时批评家或自诩的批评家实际装扮成教师、明断者、艺术指导、立法者、预言家和先知，并且命令艺术家要做这勿做那，给艺术家分派题目，并声称某些素材富有诗意，某些素材没有诗意，他们不满意现在产生的艺术，他们渴望与过去这一或那一时代的艺术相似的艺术，或者渴望他们声称在不远或遥远的将来瞥见的另一种艺术。他们责备塔索，因为他不是阿里奥斯托；他们责备莱奥帕尔迪，因为他不是梅塔斯塔西奥②；他们责备曼佐尼，因为他不是阿尔菲耶里；他们责备

---

① 原文为拉丁文。
② 梅塔斯塔西奥（P. Metastasio, 1698 – 1782），意大利诗人，欧洲最负盛名的歌剧脚本作家。

邓南遮，因为他不是贝尔谢①或雅各布内修士②。他们构思未来大艺术家的模式，并为艺术家提供伦理学、哲学、历史、语言、诗韵学、色彩及建筑的方法，提供他们认为艺术家必不可缺的所有东西。显然，这一次的过错是批评家的；面对着如此粗暴的动物，艺术家有道理按动物对待它们：千方百计让它们驯服，引起它们的幻觉和失望，以便让它们为自己服务；当它们不能提供有益服务时，就把它们赶走并送进屠宰场。此外，为了给予文艺批评荣誉，必须补充说那些任性的批评家，与其说是批评家，不如说是艺术家——失败的艺术家，他们内心渴望某种艺术形式，却不能实现目的，或许因为该倾向既矛盾又空洞，或许因为力量不足而失败。这样，他们因未实现理想而内心隐隐作痛，他们不会说别的，只会到处哀叹理想缺失，并祈求理想出现。有时，他们根本不是失败的艺术家，甚至是幸福的艺术家，但由于他们个性的本身力量，使得他们不能脱离自身以理解异于自己艺术形式的各种艺术形式，因此他们决定强烈地摒弃它们；在这种否定中，陶器工匠的仇恨，③ 即艺术家之间的嫉妒之心助他们一臂之力。无疑，嫉妒是个缺点，但相当多有才华的艺术家似乎都有此缺点，从而对他们也应像对有缺点的妇女那样怀有宽容心，众所周知，妇女的缺点和优点很难分开。其他艺术家应当心平气和地回答这些艺术家 - 批评家："继续用你们的艺术去做你们擅长的事情，请让我们做我们擅长的事情。" 对失败的艺术家和临时充当的批评家，应当平静地回答："请你们不要强求我们去做你们不擅长的事情，或者强求我们去做将来的事情，对此你们和我们都一无所知。"其实，通常不这样回答，因为激情掺杂其中；却又是合乎逻辑的回答。通过那种回答，问题合乎逻辑地结束，虽然我们应当预见到争吵不会结束，甚至会持续下去，只要有艺术家，有心胸狭隘的艺术家和失败的艺术家，争吵就将永远持续下去。

存在另一种批评的观念（正如前一种批评表现为教师和暴君的观念一样），批评表现为地方官和法官；它授予批评的职责不是促进并指导艺术生活——若您喜欢这样说，艺术生活只接受历史的促进和指导，也就是只接受精神在其历史进程中的复杂运动的促进和指导——而是简单地在已产生的艺术中区分开美与丑，并且用严谨、认真的看法庄严地赞誉美、严厉

---

① 贝尔谢（G. Berchet, 1783 - 1851），意大利诗人和爱国者。

② 雅各布内修士（fra Iacopone, 1230 - 1306），意大利诗人、公证人。

③ 原文为拉丁文。

地指摘丑。然而，我害怕这个定义不可能根除批评无用的坏名声，虽然指责批评无用的动机可能改变。确实需要批评来区分美与丑吗？艺术生产本身就是这种区分，因为艺术家恰恰通过消灭威胁侵扰艺术的丑，才能达到表现的纯粹性；那种丑是人骚动不安以反对纯粹艺术激情的激情，是人的弱点，人的偏见，人的便利，任其自流，匆忙草率，他一只眼看艺术，另一只眼看观众、出版家、剧院经理——这一切都妨碍艺术家的意象－表现的健康孕育及正常分娩，妨碍诗人吟诗和创造，妨碍画家的画面准确、色彩和谐，妨碍作曲家构思旋律，若艺术家忽视抵御丑的侵袭，就会让响亮却空洞的诗句、书画错误、走调旋律及不和谐混入他们的作品。正如艺术家在创造活动中是自身的法官，并且是个铁面无私的法官，任何东西都逃不过他的火眼金睛（即使逃过其他人的眼睛），而其他人在自发地静观时，也直接地、清晰地分辨出艺术家在哪儿是艺术家，在哪儿是人、一个贫乏的人；在哪些作品和作品的哪些部分中，抒情的热忱和创造的幻想至高无上，而在哪儿它们式微力薄，把位置让与伪装成艺术的其他东西，因此（从这种伪装角度看这些东西）被称作"丑的东西"。当艺术家的天才和鉴赏者的趣味业已表达批评的看法，批评的看法又有何用？天才和趣味就是军团，是国民，就是普遍、世间的认同。这一点千真万确，批评的看法总是姗姗来迟：它们赞美已被普遍称赞、认同的形式（此外，不要把真正的称赞同热烈鼓掌及尘世喧闹声混为一谈，不要把永恒不变的光荣同短暂易逝的时运相提并论）；它们谴责丑，但丑早被谴责，并令人烦恼、被人遗忘，或者它们出于所在派别的偏见和根深蒂固的傲慢态度，不怀好意地在口头上赞誉丑。被设想为法官的批评，杀死已死之人，或给活人脸上吹气，却把那气息想象为赋予生命的上帝气息；也就是说，批评在做徒劳无益之事，说它徒劳无益，因为此事在它之前业已成功完成。我想问，但丁、莎士比亚、米开朗琪罗的伟大是由批评家确定，还是由读者及静观者大军确定。向这些伟大人物欢呼的大军中，是否也有文人和职业批评家（这很自然），他们的欢呼在表达敬意方面和其他众人（甚至青年和民众）的欢呼没有差异，大家全都同样向美敞开心扉，而美向大家述说，只是有时出于蔑视才沉默不语，因为它发现批评家－法官面有愠色。

　　因此，涌现出批评的第三种观念：批评作为解释或评论，它面对艺术作品应当谦卑，应当把职责限制在为艺术作品清除灰尘，把艺术作品放置在光线充足的地方，提供图画完成时期及表现内容的信息，解释诗歌的语言形式、历史影射、事实及观念的前提；在这两种情况下，批评完成自己职责，让艺术在鉴赏者和读者心灵中自发地活动，从而他们的心灵将根据内在趣味做出判断。在这种情况下，批评家仿佛是一位有教养的导游或一位耐心并审慎的学校教师。"批评是教授阅读的艺术"，一位著名批评家如此界定。该定义并非没有反响。现在无人否定，博物馆和展览馆的导游和阅读教师的效用，无人否认，他们知道许多对多数人而言深奥的知识，并且能够清晰地讲述出来。不仅离我们悠远的艺术需要此类帮助，而且最近的艺术，即通常所说的当代艺术也需要此类帮助，虽说当代艺术处理的素材和提供的形式显得明显，但并非永远相当明显；有时，为了培养人们能感受一首小诗或某件艺术作品（即使昨天才诞生）的美，需要作出不小的努力。偏见、习惯和遗忘，构成阻碍人们通向艺术作品的藩篱；这就需要解释者和评论者用熟练之手拔除藩篱（清除或纠正偏见、习惯和遗忘）。在这种意义上，批评当然非常有用；但其后人们不知道为什么应称作批评，当那种工作已经拥有解释、评论和注释的名称。至少，为了不引起令人厌烦的误解，不这样称呼它更合适。

说是误解，因为批评要求并希望成为其他东西：不侵扰艺术，不重新发现美的事物之美和丑的事物之丑，在艺术面前不愿渺小，而想面对伟大艺术自己也伟大，在某种意义上，甚至超过艺术。① 由此可见，什么是真正、合法的批评？

首先，批评是我适才说明的三种事物整体，等于说，这三种事物是批评的必要条件，没有它们，批评就不会产生。没有艺术环节（正如人们所见，那种断言自己生产艺术或帮助生产艺术的批评，那种为利于某些生产形式而压制另一些生产形式的批评，在某种意义上，是反艺术的艺术），批评将沦为"无米之炊"。没有趣味（评判性批评），批评家将缺乏艺术经验，艺术在批评家的精神中再造，同非艺术相区分，并通过反对非艺术而享用。最终，没有注释，或未清除艺术再造②想象的障碍，也将缺乏这种经验，注释为精神提供它不可或缺的历史认识前提，这些前提是在想象大

---

① "对于批评家和诗人，此时都是美好的时刻，此时每人都按正确理解，和那位老前辈一起写道：我找到了！诗人找到其天才得以生存和今后扩展的领域；批评家找到了这种天才的本能和规律。"（圣伯父，《文学家画像》，Ⅰ，31）——原注

② 指批评家的活动：审美判断。

火中燃烧的干柴。

　　然而，在深入展开之前，这里最好先解决一个严重疑问，无论在哲学文献中，还是在大众思想中，该疑问一直活跃并不断更新。当然，若疑问能说明其理由，则不仅危及我们正在议论的批评的可能性，而且危及再造想象本身的或趣味的可能性。正如注释所为，收集再造他人艺术作品（或我们过去作品，当我们凭借好记性并查阅我们的文件，以便记起我们创造该作品时的状态）所需的材料；在想象中按纯真面貌再造那件艺术作品；其后，这真正可能吗？不可或缺的材料能够收集齐全吗？即便齐全，想象在其再造工作中会让材料束缚吗？或许像新想象那样活动，引进新材料？或许由于不能真正再造他人和过去的作品，不得不这样做？当每一种健康哲学教诲说，只有普遍才能永远再造，而再造特殊个体、不可言喻的特殊个体①还可思议吗？因此，或许再造他人和过去的作品确实不可能；在普通对话中通常认为无可置疑的东西，在关于艺术的任何争论中已表述为或成为不言而喻的前提，这难道不会偶然地（正如一般地提及历史时所说那样）成为一个约定寓言②吗？

　　千真万确，当人们稍微从外部设想该问题时，就会显得特别难以置信：所有人认识和理解艺术的坚定信念没有根据；以致更难以置信：人们发现这些人在抽象地理论化时，否定再造的可能性（或如他们所说，趣味的绝对性）。他们固执地坚持自己的趣味判断，并且相当清晰地感受到两种断言的差异：一种是我喜欢葡萄酒与否，取决于它是否适合我的生理机能；另一种是这首诗美那首诗丑。第二种判断（正如康德在一个经典分析中所指出），对普遍有效性具有不可抑制的要求；人们对这种普遍有效性特别着迷，在骑士时代甚至有人为捍卫《被解放的耶路撒冷》③的美而拔剑相向，但大家知道尚无人因喜欢葡萄酒与否而相互厮杀。毋庸置疑，艺术上极其低劣的作品也受到许多人或一些人的喜爱，至少受到其作者的喜爱；却并未消除如下疑问：虽说它们受到喜爱（没有心灵的认同，即没有相应的愉悦，任何作品都不能在心灵中诞生），但那种愉悦是否为审美愉悦，并是否以趣味及美的判断作为基础。从外在怀疑过渡到内在考察，最好说对审美再造的可理解性的异议基于某种实在，但这种实在被设想为一

---

① 原文为拉丁文。
② 原文为法文。
③ 为意大利文艺复兴时期诗人塔索于 1579 年出版的长篇叙事诗。

堆杂乱的原子，或设想为抽象的单子，由缺乏彼此联系的单子构成，这些单子仅从外部协调一致。然而，实在并非如此，实在是精神的统一体，在精神统一体中，任何东西都不丧失，一切都永远拥有。没有实在的统一，不仅艺术的再造不可思议，而且一般说来回忆任何事实（其后总是直觉的再造）也不可思议；假若我们自己不是恺撒①和庞培②，也就是说过去确定作为恺撒和庞培、现在确定作为我们的一切，并未活在我们身上，我们就不能形成关于恺撒和庞培的任何观念。主张个别不可再造，只有一般可以再造，这自然是"健康"哲学的学说，但这是健康的经院哲学的学说，它割裂一般和个别，让个别沦为一般的偶然性（被时光裹挟的灰尘），并且不知道真正的一般是个别的一般，不知道真正能表达的③正是所谓不能表达的，④ 是具体和个别。说到底，不能完全精确地为再造所有艺术作品或过去一部作品而备好材料，又有何妨？正如任何人类工作，完全再造过去是一种在无限中实现的理想，因此，总要以每时每刻同实在形式一致的方式实现。一首诗中存在我们遗漏其全部意义的细微差别吗？无人想要断言，那种细微差别，我们现在只有模糊看法（我们对此并不满意），凭借研究和沉思，并通过形成有利条件和感同身受，在将来不能更好地确定吗？

因此，当趣味确信其争论的合法性，同样历史研究和解释会乐此不疲地恢复、保留并扩大过去的认识，让趣味和历史的相对主义者和怀疑主义者不时发出绝望的呼喊，但他们不能引导任何人（正如所见，包括他们自己）陷入不判断的实际绝望状态。

插话到此结束，它虽说长些，但不可或缺。重提讨论的主线，艺术、历史注释和趣味，若是批评的前提，却仍不是批评。事实上，凭借这三重前提，只能获得意象—表现的再造和享用；也就是说不多不少恢复艺术生产者的条件，并重新开始生产其意象的活动。根据那种条件，不像某些人吹嘘那样，通过提供一个等价物，就能以新形式再造诗人和艺术家的作品；从而他们为批评家下定义：加工艺术品的技师。⑤ 因为按那种新表达

---

① 恺撒（Cesare，公元前 100 – 前 44），古罗马统帅、政治家和作家。

② 庞培（Pompeo，公元前 106 – 前 48），古罗马统帅。

③ 原文为拉丁文。

④ 原文为拉丁文。

⑤ 原文为拉丁文。

方式的再造，将是一种转化，即一种变更，以某种方式受原初作品启示的另一部艺术作品；若和原初作品相同，将是纯粹、简单的再造，一种材料的再造，使用相同的语汇、相同的色彩、相同的音调：也就是说，一无所用。批评家不是加工艺术品的技师①，而是加工艺术品的哲学家。②批评家接受的意象若未同时被保存和超越，其工作就不能完成；其工作属于思想，我们看到思想已经超越想象并用新光辉照亮想象，并使直觉成为感知，还限定了实在，因此将实在与非实在区分开。在一直完全是批评或判断的这种感知、这种区分中，我们特别论述的艺术批评产生这一问题：作为问题摆在面前的事实，是否并以何种程度是直觉，也就是说是否作为这样的实在，是否以某种程度不是这样，也就是说是非实在：实在与非实在，在艺术中称作美和丑，正如在逻辑中称作真理和谬误，在经济中称作益和害，在伦理中称作善和恶。由此可见，整个艺术批评可以浓缩为这一极其简短的命题，此外，该命题足以将艺术批评作品同艺术及趣味作品相区分（考察它们自身，它们在逻辑上沉默不语），同注释性博学的作品相区分（它们缺乏逻辑综合，因此它们在逻辑上也沉默不语）："有艺术作品A"，以及相应逆命题："没有艺术作品A"。

这显得微不足道，但恰恰艺术是直觉的定义显得微不足道，其后，却发现定义本身包含诸多内容，诸多肯定和诸多否定：内容多而又多，虽然我用分析方法展开，也只能进行概述。艺术批评的那个命题或判断："有艺术作品A"，正如任何判断，首先包含一个主题（艺术作品A的直觉），要实现该主题，需要注释和再造想象的工作及趣味的洞察力：我们已经发现，这件工作往往非常艰难复杂，许多人因缺乏想象力或因文化知识浅薄而迷失其中。此外，正如任何判断，该命题包含一个谓词、一个范畴，在此种情况下是艺术范畴。艺术范畴应当在判断中构思，因此变成艺术概念。我们业已看到，至于艺术概念，它会产生多少艰难和复杂，它是永不稳定的拥有物，不断地遭到攻击和埋伏，因此要不断地捍卫以抵抗攻击和埋伏。由此可见，艺术批评伴随艺术哲学的发展、衰落和复兴而发展、衰落和复兴。无论是艺术批评还是艺术哲学，都可以将中世纪（几乎可以说它们尚不存在）的状况和19世纪上半叶的赫尔德、③黑格尔及浪漫派，意

① 原文为拉丁文。
② 原文为拉丁文。
③ 赫尔德（von Herder, 1744-1803），德国文艺理论家，狂飙运动的理论指导者。

大利的德·桑克蒂斯相比较；在更狭小领域，可以将德·桑克蒂斯时期同随后出现的自然主义时期相比较，在后一时期形成的艺术概念，同物理学、生理学混为一谈，甚至同病理学相提并论。假若判断分歧的一半或少一半因对艺术家的所作所为不甚了了所致，那么另一半或多一半则因缺少共鸣和趣味所致，这又是由于关于艺术的观念不分明造成的；从而发生如下情况：两个人对一部艺术作品价值的判断基本一致，除非一人所赞誉的恰恰是另一人所斥责的，因为二人采用不同的艺术定义。

　　由于批评对艺术概念的从属性，有多少虚假艺术哲学，就有多少虚假批评形式有待区分。在我们业已讨论的主要形式中，有一种批评不是再造艺术并显现艺术特性，而是瓦解艺术并给艺术分级。还有一种道德的批评，它把艺术按遵从目的的行为看待，艺术家确定或应当确定那些目的。还有一种快乐主义的批评，它把艺术按是否获得乐趣和娱乐来介绍。还有一种理智主义的批评，它根据哲学进步估量艺术进步，认识但丁的哲学，却不认识但丁的激情；判断阿里奥斯托虚弱，因为其哲学虚弱；认为塔索更严肃，因为其哲学更严肃；判断莱奥帕尔迪矛盾，由于他的悲观主义。还有一种批评让内容脱离形式，通常称作心理学批判，它不关注艺术本身，却关注作为人的艺术家的心理。还有一种批评让形式脱离内容，并且满足于抽象形式，因为根据情况和个人好感，古代或中世纪使其回想起那些抽象形式。还有一种批评，在存在修辞装饰物的地方发现美。最后还有一种批评，先确定艺术种类及体裁的规则，再根据艺术作品接近或远离那些规则建构的模式，决定欢迎还是摒弃它们。我从未列举所有批评形式，我也从未想要这样做，我也不想详述批评的批评，它不过是对上文概述的美学的批评及辩证法的重复；在业已作出的少数提示中，会发现不可避免重复的苗头。概括批评史将受益匪浅（若简短概要不需要太多篇幅），将历史名称置于我指定的理想位置：指出模式的批评如何主要在意大利和法国的古典主义中时兴；概念主义批评如何在19世纪古典哲学中盛行；道德主义批评如何在宗教改革时期或意大利民族复兴运动时期风靡；而心理学批评如何在法国因圣伯夫及其他人而兴盛；快乐主义批评如何在上流社会人士、沙龙及新闻界的批评家的判断中传播；而艺术分类批评如何在学校里流行，那里，在探究了"韵律"、"技巧"、"主题"及文艺"种类"的所谓起源，并列举不同种类代表后，就确信已尽到批评的职责。

　　此外，我扼要描述的这些形式，虽说是错误的，却是批评的形式。然而，说实话，对那些高举旗帜并相互争斗、以"审美批评"和"历史批评"冠名的其他形式就不能这样说。相反，请允许我把这些形式命名为伪审美（或唯美主义）批评和伪历史（或历史主义）批评，因为它们应授其名。这两种形式虽说势不两立，却一致憎恶一般哲学，尤其憎恶艺术概念：反对任何思想对其批评的干预，伪审美批评认为艺术批评属于艺术家的职权范围，伪历史批评认为艺术批评属于博学者的职权范围。换言之，它们都把批评重新降低至批评以下，前者把批评限于纯粹的艺术趣味及享用，后者把批评限于纯粹的注释研究或为再造想象做材料准备。很难说，包含思想和艺术概念的"美学"同没有概念的纯粹趣味有何关系；至于"历史"同关于艺术的无条理的渊博学问有何关系，就更难确定了，因为后者没有艺术概念，并且不了解艺术是什么（而历史总要求人们认识历史叙述的内容），所以这种杂乱无章的渊博学问不能构成历史；至多，可以指出艺术和历史两个词奇怪"走红"的原因。此外，无论是那两个名词，还是拒绝从事批评，都没有任何危害，只要二者的拥护者真正占据自己划定的疆域：前者享用艺术作品，后者为注释收集材料；他们让愿意从事批评的人去从事批评，或者他们满足于只说批评的坏话，却不触及属于批评的问题。鉴于这种克制态度，恰恰需要唯美主义者不要开口说话，只在艺术中欣喜若狂，静静地反复回味这种欢乐。至多，当他们遇到同类时，无须说话就能彼此理解，正如常言所说，像动物那样（其后，谁知道是不是真的！）：脸上不由自主地显现出陶醉神态，伸出双臂以示惊异，或合掌祈祷以示感谢，这些足以述说一切。历史主义者可以述说，他们谈论的是手抄本、校勘、确定无疑的关键日期、政治事件、生平事迹、作品出处、语言、句法、韵律，却从不谈论艺术。作为单纯博学者，他们为艺术服务，不能抬头静观艺术的面貌，正如仆人不能双目凝视女主人的脸一样，即使仆人为女主人洗衣服、做饭菜。由此可见：活儿归你们干，但不是为你们干。[1] 然而，你们去找那些看法怪异并对其盲目热衷的人们，要求他们弃权、作出牺牲并发扬英雄主义吧！尤其要去找那些因这种或那种理由用一生与艺术打交道的人们，要求他们不要谈论艺术，不要对艺术作出判断！然而，所谓沉默不语的唯美主义者仍然谈论艺术，对艺术作出判断并进行推理，同样，所谓不下结论的历史主义者也这样做；由于在这种谈论中，

---

[1] 原文为拉丁文。

他们没有接受哲学和艺术概念的指导，他们蔑视并厌恶哲学和艺术概念。但是，他们也需要一个概念，当良知没有偶然地向他们提供，自己也没有发现该概念时，他们就在我提及的形形色色的伪概念中，在道德主义的和快乐主义的、理智主义的和内容主义的、形式主义的和修辞的、生理学的和学究式的伪概念中迷失，他们时而抓住这个，时而抓住那个，时而把它们混合并拼凑。最奇怪的景象（虽说被哲学家所预见）是：唯美主义者和历史主义者，这些不可调和的对手，虽从对立观点出发，但他们对艺术的错误看法却惊人的一致，以致最终说着相同的蠢话；再没有比这更可笑的了：在深受感动的艺术爱好者的著述中，人们不断地辨认出最陈腐的理智主义的和道德主义的观念，他们深受感动竟达到憎恨思想的地步；那些历史学家确信实证主义，以致害怕想方设法理解其研究对象将会损害其确定性，但这一次其研究对象被偶然地称作艺术！

　　当然，真正的艺术批评是审美批评，但并非因为它蔑视哲学，像伪审美批评那样，而是因为它像哲学和艺术观那样活动；真正的艺术批评也是历史批评，并非因为它遵循艺术的外在，像伪历史批评那样，而是在使用历史资料以再造想象后（此刻尚未是历史），完成了想象再造，它就确定再造想象的事实是什么，即凭借概念表述该事实的特征，并且确定发生的事实到底是什么，从而它就成为历史。这样一来，低于批评的两种对立倾向，在批评时彼此一致；"历史的艺术批评"和"审美的批评"是一码事：使用这两个词并无二致，仅仅出于适宜的原因，各词才具有特殊用法。例如，当想要引起对理解艺术必要性的注意时，就使用第一个词，当想要引起对考察论题历史客观性的注意时，就使用第二个词。这样，就解决了由某些方法论者提出的问题：历史是作为手段还是目的进入艺术批评。因为，现在一目了然：作为手段使用的历史，恰恰由于是手段，就不是历史，而是注释性材料；而具有目的价值的历史，当然是历史，但不是作为特殊因素，而是作为整体成分进入批评；这恰恰表示"目的"这一词语。

　　然而，若艺术批评是历史批评，结果将是：不能把批评中区分美丑的职能，简单地局限于赞成还是摒弃，好像艺术家在创造时或鉴赏家在沉思时的直接意识中那样，而是应当扩大并提高至解释。由于在历史的世界（其后，它是真正的世界）不存在否定的或反义的事实，对趣味而言，非艺术的东西显得既丑又令人生厌，但对历史考察来说，非艺术的东西既不丑也不令人生厌，因为历史批评知道非艺术的东西是另一种东西，有自己存在的权利，其存在千真万确。塔索为《被解放的耶路撒冷》撰写的富有道德的天主教的寓意是非艺术的，尼科利尼①和奎拉齐②的慷慨激昂的爱国演说也是非艺术的，彼特拉克引入其崇高、优雅、伤感诗篇中的精巧和简练也是非艺术的。然而，塔索的寓意是拉丁国家天主教反宗教改革活动的表现之一；尼科利尼和奎拉齐的慷慨激昂演说，强烈尝试鼓动意大利人反对外族和教士，或支持那种鼓动；彼特拉克的精巧和简练，是对游吟诗人传统优雅的崇拜在意大利新文明中的复苏和丰富；也就是说，它们都是实际事实，是值得尊重并在历史上极有意义的事实。为使语言生动，为了适应流行话语，在历史批评领域最好不断谈论美与丑；只要同时证明或提及并让人理解，或至少不摒弃确实内容，不仅指那种美的内容，而且指那种丑的内容。当丑的内容被说明理由并被充分理解时，就不能因其丑而彻底地谴责它，否则该内容将被彻底地从艺术领域清除。

由于这一原因，当艺术批评真正是审美批评或历史批评时，就在活动本身中扩展为生活批评，若不对全部生活的作品作出判断并赋予特征，就不能对艺术作品作出判断并赋予特征。正如人们观察真正伟大的批评家时那样，这里首推德·桑克蒂斯，他在《意大利文学史》和《批评论文集》中，是一位非常深刻的艺术批评家，同时也是非常深刻的哲学、道德、政治批评家。他在艺术上深刻，因为他在其他方面也深刻，反之亦然。他对艺术的纯粹审美思考的力量所在，就是他对伦理的纯粹道德思考的力量所在，他对哲学的纯粹逻辑思考的力量所在，诸如此类，不一而足。因为，精神的形式（批评把这些形式作为判断范畴来使用）在统一体中被理想地区分开，但它们在物质上是不可分的，若不想看到它们很快枯竭并死亡。因此，艺术批评与其他批评惯用的区分，只简单地用以指出，述说者或作者的注意力指向唯一不可分割内容的这一方面而非其他方面。艺术批评与艺术史的区分也根据经验，迄今为了清晰说明，我保留这种区分。这种区分主要受如下事实制约：在考察当代的文学艺术时，判断或论战的特征更为突出，因此使用"批评"一词更合适，而当考察悠远的文学艺术时，叙述特征更为突出，因此更乐于称作"历史"。实际上，真正完整的批评是对已发生事情的平静历史叙述；历史是唯一真正能对人类事实施加影响的批评。人类事实不可能是非事实，由于它们业已发生，精神凭借理解而不

① 尼科利尼（G. B. Niccolini, 1782–1861），意大利剧作家，主要作品有《纳布科》。
② 奎拉齐（F. D. Guerrazzi, 1804–1873），意大利作家、爱国者。

能用其他方式把握它们。正如艺术批评已向我们证明它同其他批评分不开，从而艺术史仅仅由于突出文学的原因，才能同人类文明总史分开，在人类文明总史范围内，艺术史当然遵循其自身规律——艺术，但它也从人类文明总史中接受历史运动，历史运动是整个精神的，从不是脱离其他形式的一种精神形式。

1912 年

美学史的起源、时期及特征

（一）

以往，我撰写的某些美学史概要接受一般看法：美学完全是一门近代科学，它产生于 17 世纪和 18 世纪之间，并在最近两个世纪得到巨大发展。虽然我对此看法反复思考，疑云难消，重新把它作为问题讨论，但最终我总是不得不对它表示赞同。由于现在我再次对它表示赞同，我认为应及时补充某些说明，用以深化并确定该看法，同时使它更具说服力。

首先，从希腊文明到意大利文艺复兴结束的漫长时期缺少美学科学，并不是说（如某些人相信那样）那时生活的人们缺乏关于诗的或一般艺术的概念。这种认识本身在其理论公式上就荒谬绝伦，因为认为精神在其历史的任何时刻都未意识到自身，其基本概念也残缺不全。这公然违背事实，因为否定支撑希腊人和罗马人判断的概念，甚至关于诗和艺术的高超概念毫无根据，不仅他们的艺术家、文学家和批评家，而且他们的社会团体都有这种判断，甚至有时（如鼎盛时期的雅典）全体国民都有这种判断。假若没有这种概念，那种概念也未产生影响，在古代如何能够区分美和丑，那些诗人的分类名单或准则，如何能够经受住数百年考验，保持完整无损或几乎未受损害？细腻的鉴赏家如何能够进行推理，并能欣赏诸多古代希腊 – 罗马的思想著作及其部分，能欣赏阿里斯托芬①的喜剧、柏拉图的对话录、亚里士多德的诗学及修辞学作品，能欣赏西塞罗②的《论演

---

① 阿里斯托芬（Aristofane，约公元前 446 – 前 380），古希腊最著名的喜剧作家。
② 西塞罗（Cicerone，公元前 106 – 前 43），古罗马政治家、雄辩家、哲学家。

说家》和昆体良①研究的《论崇高风格》？鉴于观察到明显的相同事实，还能说文艺复兴时期没有艺术概念吗？在文艺复兴时期（除诗人、画家和雕刻家细致入微地谈论艺术之事外）还拥有一支职业批评家队伍，他们善于在古典文学和近代文学中区分开黄金和白银。仅举一例，他们发现并肯定阿里奥斯托的形式优美、纯洁，塔索的形式新奇却有病态迹象，正如在另一方向，阿里斯托芬将欧里庇得斯的悲剧同埃斯库罗斯的悲剧相比较一样。鉴于欠明显但同样确实的论据，我们应当承认在人们称为中世纪的诸多世纪中也存在艺术概念。假若在中世纪产生过（无疑，产生过）诗和艺术，而在它们之旁没有发现对它们的判断（作为自然而然的反思），那么它们也不可能产生。众所周知，事实上，中世纪也有流派、演说家、文艺事业赞助者、诗歌比赛，并连同各自领域的判断。

其次，否定上述时期存在美学，并非说当时人们没有为艺术之事殚精竭虑。构建不同形式的艺术实践科学或经验科学，诸如语法、修辞、诗学以及关于造型艺术、建筑、音乐的准则，都应归功于希腊人和罗马人。这些论著在中世纪没有被完全遗忘，因为其纲要保存下来，并包含在百科全书中，它们还以某种程度扩展为新论著，产生写作艺术和节律艺术，以适应新的需要。在文艺复兴时期，所有这些论著得以复兴，它们被评论、被详细叙述、被扩展并与新论著相融合，新论著包括古代文学艺术和新民族的文学艺术。在这方面，从希腊的诡辩派到意大利人文主义者都做过宏大工作，这是真正、独特、积极、有益的工作，而不是什么徒劳无益、偏离正轨和卖弄学问——这是其后浪漫派强烈抗议和纷乱造反显现的效果，时至今日其反响仍然存在。虽然浪漫派竭力反对，我们大家仍继续谈论悲剧和喜剧、史诗和抒情诗、诗歌和散文；我们仍经常区分本义词和寓意词，提喻、换喻和夸张；我们知道语法类别不可或缺：名词、形容词、动词、副词；当需要时，我们会谈论建筑风格、人物画和风景画、圆雕、高浮雕或浅浮雕，更重要的是，我们根据古老概念模式，形成相同内容的新经验概念，以适应文化的新条件和要由我们驾驭的新事实。当然，我们要谨慎小心地（以前不知道）使用这些新老概念，注意到它们的目的是实践的，而非批判的和思辨的。由此可见，它们是古人的概念，但不是原先的古人概念，而是剔除附着其上并掺和其中的偏见的相同概念。然而，这恰恰证

---

① 昆体良（Quintiliano，约35－95），古罗马教育家、演说家。

明古人在这方面完成的工作具有坚实性，从而可以重新适应并更改该工作，更好地理解该工作，但永远不能摆脱它。我们瞬间假设有一个时期不存在语法、修辞、诗学及其他准则，或者它们仅以粗陋及初始方式存在，我们想象是否能够自由地构建它们，同时意识到它们一旦出现会为弊病和谬误提供遁词，那么我们不可能，甚至难以想象不作出构建它们的决定。通过这种假设，让我们清晰地认识到它们不可或缺。我们所描述的情况，恰恰预见到文学艺术教育的技术和工具。相反，文学艺术教育的极高有效性及重要性可能并多次被否认，并且被"自发性"和"天赋"的模糊规劝所取代。然而，文学艺术教育承认，通过相当严厉的制裁，让缺乏此类教育的个人和社会被迫承认，个人和社会的暧昧不明和疲乏无力，标志着缺乏这方面的修养，仿佛启灵于纪律的有效约束。无疑，古代及文艺复兴时期许多此类告诫者是在卖弄学问，其诸多学说也是迂腐的，从而使得机械论更加机械。然而，我们并未随时随地遇到老学究，应当指出在那些优秀作者那里，学究气已被那些时代如此高超、生动的艺术概念所削弱，内在于论断的机械论不可避免，但我们可以表述为一种灵活的机械论，它不断地符合实际事物，它擅长妥协，显得矛盾，但在那个范围内是睿智的调节。即使在今天，我们手捧那些书籍，通常仍能发现其中的管束和指导——一种精神良药，① 以免除极端浪漫派的危险和恶习，让我们满心欢喜地重新洗耳恭听古老导师的教诲。

　　再次，除普遍传播并在判断中起作用的艺术概念外，不想否定，人们在那个时期发现更具哲学特色的其他思想痕迹，（为记住主要的）比如，柏拉图怀疑诗的价值。这种怀疑本身包含要求研究想象的作用、想象与逻辑认识的关系；柏拉图还认为神话和理念、寓言和推理、想象和概念相对立，并且把神话而不是理性分派给诗。亚里士多德关于诗异于历史的思想更深刻更确定，因为他认为诗趋向普遍或理想；他还论述过关于内在诗和简单韵律形式的差异，关于艺术表现的净化作用，关于辩证法和修辞学的相互关系，关于无逻辑意义却有意义，从而修辞学应关注的命题。最后，普罗提诺②尝试将外在事物之美消解在内在及精神之美中，他还尝试将美的概念和艺术的概念相结合。即使流传很广的诗导致快乐说、诗寓教于乐及劝善说、诗模仿自然说，并非全都没有哲学内容，并非完全没有受到批

---

① 原文为拉丁文。
② 普罗提诺（Plotino，205-270），古罗马哲学家，新柏拉图主义最重要代表。

评发展的影响；因为诗导致快乐说仍以自己的方式强调艺术的非逻辑及非道德的快乐特性，反对艺术具有逻辑及道德的特性。诗寓教于乐及劝善说强调艺术的认识特性，反对纯粹的快乐主义。而诗模仿自然说反对观念的抽象普遍性，强调艺术造型的具体性和个别性，在这方面类似于自然的创造物。甚至在经院哲学家那里，也需指出存在某些独特、有益的启示，比如邓斯·司各脱①关于直觉认识②及极其特殊种类③的论述；在文艺复兴时期，诗的真实性概念，或如当时所说的"似真"的概念，曾被反复地、焦急地探究；弗拉卡斯托罗④、布鲁诺和康帕内拉及其他人，对诗的普遍性、诗的直接判断、美作为表现性等论题都表述过深刻的思想。因此，不断收集古代、中世纪和文艺复兴时期这一或那一作者就"美学"表述的这些、那些思想或零星看法，甚至那些不同时代关于美学的论述，才正当合法（学院派论文的编辑者充分利用这一合法性）。

这三点已充分论述，甚至带有良好忠告，以避免忽视或忘却它们，但更清晰可见的是：在从古希腊至 17 世纪的时期，真正意义的美学尚未存在。因为我们业已赞誉其功效的那一艺术概念，正如上文所说，它包含在判断之中或散见于格言警句，根据柏拉图所述的苏格拉底认为，它"是自如的，不受束缚的"，也就是说，它同其他哲学概念没有系统联系。艺术的经验科学是经验的，即它没有真正地思考艺术，却渴望把艺术分为大小部分，把个别情况一般化，并为艺术创立一些准则。那时哲学家在这儿或那儿也闪现艺术哲学或美学的光辉，但不仅没有后继者，甚至对哲学家本身没有影响，就立即熄灭了。例如，柏拉图对诗的否定，由于笛卡尔和马勒伯朗士⑤而再现，结果人们从反面要求想象。还有普罗提诺关于美的体系的提纲，即美作为理念的辐射，在自然中不完美，在艺术家头脑中才完美，以后发展成后康德唯心主义，其细节更丰富、方法更成熟。而亚里士多德对非逻辑性命题的提及，在近代语言哲学中得到确证。还有邓斯·司各脱的混乱认识⑥对莱布尼茨主义产生影响，并且通过它产生鲍姆加登的

---

①　邓斯·司各脱（Duns Scoto，约 1265－1308），英国哲学家和神学家。

②　原文为拉丁文。

③　全文为拉丁文。

④　弗拉卡斯托罗（G. Fracastolo，约 1478－1553），意大利文学家和医生。

⑤　马勒伯朗士（N. Malebranche，1638－1715），天主教教士、神学家和笛卡尔主义的主要哲学家。

⑥　原文为拉丁文。

《美学》。古代审美快乐主义在 18 世纪感觉主义美学家那里重新活跃，并对康德的《判断力批判》产生巨大影响，诸如此类，不一而足。所有这些例证只是让我们重申，美学属于近代，因为只在近代，以往时代零星的萌芽才得以生长，只在近代，那些先驱提示的价值才被理解。这样，晦涩的赫拉克利特的格言警句全被黑格尔的逻辑学所吸纳；如此之晚，他才受到公正评价，证明古代思想仍然外在于辩证法，虽说赫拉克利特对此有直觉。

　　古代直至近代开端缺乏辩证法，同样缺乏艺术哲学或美学的原因，有待到古代、中世纪和文艺复兴时期的思想特征中探寻。那时的思想在自然与超自然之间、在此世界与彼世界之间摇摆不定，从未真正专注于精神概念、批评和那两个抽象的统一；于是，只能提供物理学与形而上学、自然科学与神学，时而前者时而后者，或二者兼有，但就是没有精神哲学。那种观念将精神和自然视同一律，精神被视为客体中的客体、事物中的事物；从而在"物理学"中，也就是在语法学、诗学及修辞学等的自然主义分类中完成诗及艺术学说的建构，同样在外在或词语形式的分类中完成逻辑学的建构，在美德及责任的分类中完成伦理学的建构；基于它们及其他自然学科，形成超验原则的本体论，这些超验原则从生理学家的神话和唯物主义者的原子上升到基督徒的上帝。虽然基督教使得实在精神性的意识更加强烈，但另一方面，它在认识理论上趋向直接敬畏上帝，在实践理论上趋向否定世俗生活。因此，无论基督教神秘主义者和苦修者的认识论及伦理学的概念多么深刻、后果多么严重，那种深刻性由于对与世界、感性及激情关系紧密的精神形式没有丝毫兴趣而大打折扣。也就是说，在实践领域对政治及经济生活的理论不感兴趣，在理论领域恰恰对感性或审美认识的理论不感兴趣；对于前者，不得不等待马基雅维利的思想，对于后者，不得不等待维科的思想。据此可以看出，17 世纪以前时期缺乏美学，并非取决于偶然事件和意外之事，而是同该时期的思想及生活完全一致使然。

　　若我们以更新更丰富的概念考察，我们眼中的那种一致性就显得不一致；然而，由于我们这些更为丰富的概念是对当时没有提出的问题的回答，则显而易见，在现在的情况下，不一致的痕迹将是不合时代的和反历史的。总之，当人们断言我们议论的那个时代缺少美学或其他种类精神生产时，千万注意不要把实际缺少的含义赋予"缺少"这一词语，因此更不能把苦恼和不幸福的含义赋予它，因为实际上不具有这种含义。"自如、不受约束的"概念，即在学说上没有系统地建构而在判断中包含的概念，同判断一起发展并确定，它们足以区分开美与非美、诗与非诗、善与非善、真与非真；因此，当时人们的思想之舟或多或少平静地在真理海洋上航行；然而，另一方面，经验科学概括为一系列判断，并通过归纳和抽象，提供判断和行动的指南。其余一切是尚未（或很少并短暂）觉察的局限，因为它是"固执己见的沉睡"，仅由某些梦境引起微小变化；因此，他们对这种局限障碍并不感到焦虑，若我们被迫思考的东西少于现在能够实际思考的东西，就会感到焦虑不安。换言之，我们因认为那种思想状况是缺陷、不幸而犯下的错误，类似于如下错误：把没有铁路和轮船的时代视为不幸，但不幸的不是我们自己，而是想象中的不幸，当我们习惯于那种生活的舒适后，装作来到一个地方，那里没有那些舒适，却有那些舒适导致的相应需求。我们生活的时代，我们觉得五彩缤纷，但另一时代终将来临，在那一时代将会显现出我们时代的局限，因为更加五彩缤纷的时代将会超越我们时代；但未来的实在不是今天的实在。无须求助于另一时代的观念，那一时代距今有成百上千年。我们可以每时每刻观察自己，我们每天的思想进步，正如每年、每天、每刻更加丰富多彩的思想包含并超越以往的思想，即使每刻、每天、每年我们和自身一致并心满意足，但在生活的每一行动中，那种一致性和心满意足既存在又不存在。

（二）

缺乏真正意义的美学和古代哲学特征的高度一致，由近代哲学和美学的同时诞生得以证实。事实上，美学起源于 17 世纪和 18 世纪之交（正如业已指出的那样），也就是同近代"主观主义"，同作为精神科学的哲学，同内在实在论（即实在内在于精神；因为在自然中存在内在性，即所谓泛神论，正如自然本身，也是超验的形式）同时产生。与如此开始的时代相比，那一终结的时代，即上文描述的时代，不属于美学的历史，至多属于美学的史前历史，只在这儿或那儿闪现一些微光及迹象。由于美学和近代主观主义结合如此紧密，几乎熔为一炉。由于主观主义或精神哲学意味着纯正及朴实的哲学、真正意义的哲学，它反对所有形式的物理学、形而上学和神学，也无须害怕得出进一步的结论：哲学是真正近代的，从古代到文艺复兴时期所谓的哲学，其次要及枝节部分才是哲学，而主要及基本部分一次次地仍为神话、宗教、形而上学、神秘主义，或者乐于称呼的其他名称。我们说无须害怕，因为我们对美学业已清晰地认识到，类似否定的重要性所在，它们旨在形容一个时代，而不是为了谴责该时代；我们还认识到，从被演绎及表述的方式看，那一结论并非像看起来那样荒谬和新颖，应当记得在最近两个世纪，人们强烈地意识到（仿佛只能同意识到基督教胜利相比）发生某些非凡之事，使得我们看来，以往一切时代似乎以整个唯一时代同近代相对立，而近代也同那整个唯一时代坚决对立。近代被界定为让人心明眼亮的理性时代、精神实现自我意识的时代、弘扬自由的时代，或者被视为继"神学"及"形而上学"时代之后的"实证"时代。

现在重提美学，该新科学要回答的问题（仅限于提供一个概括及一般的限定）是诗、艺术或想象在精神生活中的作用，因此也是想象同逻辑认识、实践及道德生活的关系。从而，同样提出逆向问题：逻辑认识及实践、道德生活的作用，也就是精神在其一切形式的辩证关系中的作用。"对人类精神进行清点"是思辨的新口号；美学问题构成要求清点的一部分，同时又转化为整体。若不深入探究整个精神，就不可能深入探究诗或想象创造的性质，若不建构美学，也不可能建构精神哲学。没有一位近代哲学家逃避这条必经之路，当某些人似乎远离这条正道时，若仔细观察就会发现，他们不是或多或少重陷教条主义泥沼，就是也触及美学问题，虽然是以不自觉的、间接的或否定的方式。康德（这一庄重实例足矣）同他人相比，长时间不愿把美学提升至哲学论著高度，但人们发现，他在完成纯粹理性和实践理性两个批判之后，最终不得不补充第三个批判，即判断力批判，判断力是审美的和目的论的。由此可见，若他未作补充，其"清单"上会留下多大空白，如同深渊。① 同样，没有理由反对近代作家有时表达的意图：想要"独立于哲学之外"研究美学；因为对伦理学和逻辑学，人们也多次听到重复同样的话：简单含义是"在本体论的、超验的和教条的哲学之外"，也就是在形而上学之外。从本质上看，这种意图值得赞誉，并且证实了我们的判断。近代哲学家认为，美学与其他所有哲学的联系，总之是内在的而非外在的。相反，以往时代的哲学家探究艺术事物，仅

---

① 原文为拉丁文。

作为其经验论体系安排，并体现为概念百科全书或一系列并置知识。

　　然而，为了正确理解和判断美学史及一般近代哲学史，千万不要认为，伴随近代主观主义诞生，旧超验哲学或形而上学就彻底消逝了，或者逐渐地消逝，或者在将来能完全消逝。若从这种虚假信念出发，其后发现在任何近代体系安排中（程度或轻或重，即使只是"蛛丝马迹"）存在形而上学或超验的某些残余，就会得出结论：归根结底，又抵达形而上学和超验论，因此人们断言改变的东西实际上没有丝毫改变。我们探讨美学情况，没有一位近代美学家（在其论著的此点或彼点）不被指责为理智主义、道德主义、感觉主义和抽象主义，最终说来，被指责为自然主义和超验论。现在，无疑，人的头脑在探索中所犯错误形式（其中包括形而上学思维和超验思维）是永恒的，也就是说会连续不断地重复发生；但重复这些错误形式，甚至止步不前或迷失方向，并非意味着没有进步。正是由于普遍进步，近代哲学才以某种程度脱离古代，并且几乎作为哲学同形而上学相对立，主观主义同客观主义相对立，内在性同超验性相对立。这种普遍进步就在于总的方向、主导动因，在于相对于古代哲学的新哲学的特征：在古代哲学中形而上学是主要的，而批判思维是次要的及枝节的；相反，在新哲学中，批判思维是主旋律，而形而上学是伴奏曲。这样，康德在批判了其前辈后，肯定美和概念无关，是超功利的，是没有目的表现的合目的性，是快乐的源泉，却指普遍的快乐。然而，他把艺术作品界定为概念的合适表象，在这种表象中天才将理解力与想象力相结合，从而不经心地重新接受理智主义。当他把美解释成道德的象征，甚至重新接受外在合目的性。但这一切并未削弱由他确立的新原则的真理性及丰富性，也就是应坚定不移地肯定他实际解决了若干问题。同样，黑格尔在断言艺术表现的直觉性之后，肯定艺术表现是理念，却是感性形式下的理念。但当他把艺术的辩证历史作为理念进行描述，并又提出其他类似学说时，他就重新陷入逻辑主义泥沼。他承认美属于精神而不属于自然后，却建构了自然美的学说，这就变成某种改头换面的柏拉图主义。然而，不能因此否定他提出并解决大量问题，否定他使美学在整体上取得显著进步。康德和黑格尔哲学的其他方面也发生相同情况：人们不会因为康德显现出弱点，提出自在之物并不言明地恢复教条主义和超验论，就想要否定康德批判主义的力量；或仅仅因为黑格尔把辩证法滥用到不该用的地方，并且将物理学及动物学的经验概念辩证化，还从一种具体哲学中形成一种极其抽象的思想，甚至是最坏的形式——形而上学形式，就否定黑格尔凭借辩证法实现对逻辑学的深刻变革。

为实现准确理解美学史及一般的近代哲学史的相同目的，必须注意另一忠告：不要把"审美问题"当作"唯一"问题，不要在字面上理解简略名称，那一名称指示不可穷尽的常变常新的问题。若问题确实是唯一的，则必然会发生：或者问题业已解决，那么在此种情况下，审美科学已经死亡，因为它已完全实现其目的；或者问题不可能解决，这标志着问题不到位，即不是问题而是误解；或者问题只部分解决，因为通过连续近似法，永远不能实现完全解决，这样就返回前述情况，因为半截真理不是真理，未能彻底解决的问题说明提得不到位。然而，当我们用被集合名词暗示并掩盖的实在代替集合名词时，就会发现美学和整个哲学永远存在又从未存在，也就是说它们活着，就会发现问题一个个地依次解决，但每个解决的问题，又会产生其他有待解决的问题。于是，在考察个别思想家或诸多思想家构建的学说或提出并解决的问题时，就能认识到人类精神的进步，即对真理的永恒探索。

例如，17世纪以意大利人为主的修辞学家和批评家，在16世纪文学争论及反思的促进下，或多或少自觉地研究的问题是发现艺术创造的特殊才能，它异于单纯智力，并且是美的真正发明与创造的能力，他们称之为"才华"并进行讨论，认为它与"想象"或"幻想"相近；他们也研究艺术判断能力问题，认为艺术判断能力并非能够推理的理智，他们称之为判断或"趣味"，有时让它接近"情感"，有时又让它接近"我不知晓"的辨别力或直觉。然而，在同一时期，笛卡尔及其忠实追随者致力于把人类认识简化为明晰的数学，不理会或摒弃他们认为混乱的思维及判断方式，为了理性的无上荣耀，他们践踏想象，并把诗作为牺牲敬献给数学和形而上学。然而，同那些才华、趣味、情感及"我不知晓"的构想者相比，不能说笛卡尔倒退了，或者不能说同笛卡尔相比那些人倒退了，因为双方提出的问题不同，揭示的真理也不同。事实上，前者不断摸索，发现诗和艺术在精神生活中的作用；后者创立一种精神哲学，虽然其形式是理性主义的，但它对剔除前者发现的不确定性及不牢固性来说是不可或缺的。千真万确，在笛卡尔影响下，不仅有人不断地撰写著作，试图把各种艺术简化为唯一原理（如巴特乌），或者试图用美的不同形式及不同种类为美下定义（如安德烈、克鲁萨），但莱布尼茨源自笛卡尔主义。莱布尼茨在其思想中（就这部分而言，他的新问题就是他的思想）将 17 世纪修辞学家的真理同笛卡尔的真理相结合，在认识理论中为模糊认识和清晰认识确定了位置，它们在确定无误的认识之前，诗在哲学之前；他的学生甚至用那些认识构成一种学说主体、一种独特科学：感性认识科学、理性类比科学、低级认识论，[①] 他们称之为"美学"。问题提得好也解决得好，但不久后继者就感到，直觉认识和理性认识之间纯粹程度或量的差异远远不够，为了继续发展业已构想的美学，并且把天才与趣味理论同美学联系起来，他们不得不发问：直觉认识是否真是简单的"混乱"理性认识，他们逐渐地把这种量的及心理的概念转化为自主想象的思辨概念。大约在同一时期，从不同、分开的研究领域，从语法及形式逻辑研究中，诞生了语法学或"哲学语法"，它将语言的非理性的或想象的方法理性化，并把基于该方法产生并旨在教学的经验语法理性化，只能显得铸成大错。然而，由于在语言内在规律中理解语言的意图（无论如何，业已实施），实际上创造了语言哲学，并且语言哲学得以保留和发展，还逐渐地摆脱了形式语言的偏见。不仅如此，在那些形式语言的构建者之间，很快就提出问题：是否能够把想象形式、所谓比喻或转义，视为单纯逻辑形式的装饰或附件，进而发现它们不是"装饰品"，而是"表现的自发形式"（杜·马尔萨）。新语言哲学问题和新艺术科学或美学问题的紧密联系，甚至统一性，在当时及其后很长时期，并未被人们普遍发现，但这种联系却被维科隐约看见，他努力在诗的起源中探索语言的起源。然而，让维科凌驾于他那个时代及整个 18 世纪所有美学家之上，若确实能够用他的思想超前，他的学说及学说雏形卓越来解释的话，另一方面，说他卓尔不群又不够准确，因为从所有"出类拔萃"等词语的严格含义看，仅仅为了加强论述的语气，只限于其经验用法。还由于维科（正如任何其他思想家）深化某些或许多问题，但没有发觉其他问题，而在他那个时代那些问题业已出现并引起争论。维科首先致力于巩固想象的独特性，以反对枯燥乏味的笛卡尔主义者对想象的否定，致力于肯定想象是精神永恒发展的首个认识形式，也是在社会学阶段和人类社会实际历史中的首个认识形式。然而，18 世纪重要并著名的美学问题是趣味的绝对性或相对性；当然，该问题包含（由于每一哲学命题都包含其他所有命题）艺术性质的问题，也就是艺术属于个体感官快乐还是

---

① 原文为拉丁文。

属于真理的精神形式。但这一问题的提出，与众说纷纭的美及艺术判断引起的疑问有关。它成为这一时期普遍辩论的问题，正如已被当时繁荣的文学所证实，但肯定不是讨论的唯一问题。这里，立即提起另外两个问题受益匪浅：一个是文艺复兴时期意大利诗学及其后法国诗学建构的"文学种类"及其"规则"学说的价值问题，另一个问题是"界限"问题，即各种艺术的特性问题。在第一个问题中，人们看到极大自由的主张受到拥护，并听到反对种类的先入之见的强烈抗议声，这抗议恰恰出自一位作家之口，他是格拉维纳①，此人在其他方面是个近乎卖弄学问的理性主义者。我们指出这一点，旨在再一次重复，要想理解历史，应当永远关注问题及思想的独特性，避免过分简单化、统一化的倾向，避免探寻根本不存在的一致性。在第二个问题中，正如对哲学语法所说过的那样，指出莱辛的学说（业已出版）对每种艺术限定一个事物及概念的特殊领域（对诗限定为行为，对雕塑限定为形体，等等），只是给旧错添新错，甚至同古老的睿智格言"好似诗中的画"② 相比是退化。然而，事实上，莱辛没有解决或糟糕地解决内在荒谬的划界问题，却很好地解决了他真正着手解决的问题，即证明任何一种艺术（此外，正如任何个别艺术作品）都不可能转化为另一种艺术，也不可能在另一种艺术中发现其等价物。于是，他把艺术表现的统一性及差异性研究提升至更高高度；不能说他将艺术界限概念推向极致，就导致对立的立场及解决办法，即把那些界限视为从物理学获取的分类，因此外在于美学。通过研究造型艺术，文克尔曼③撰写了《古代艺术史》。正如通常所说，这本书再现真正意义的古代艺术史；但这种说法不能自圆其说，至少要大打折扣，因为文克尔曼让他的历史著作符合一种抽象的、反历史的标准，即所谓"理想美"。在这方面，他低于维科，因为维科认为诗的历史根据社会条件及思想状况变化。然而，只要考察文克尔曼之前的造型艺术史，全由艺术家传记和古董收集构成，就会认识到文克尔曼确实尝试撰写造型艺术内在史，虽然其历史的内在性本身隐藏着某种外在性。在文克尔曼的时代，在他的祖国德国，哈曼和赫尔德自发地走上维科之路，虽然他们二人在思辨的广度和强度上均不及那位意大利哲学家，但不要忽视他们，认为他们复制原创，他们研究的问题同维科的问

---

① 格拉维纳（G. V. Gravina, 1664–1718），意大利文学家。
② 原文为拉丁文。
③ 文克尔曼（J. J. Winckelmann, 1717–1768），德国古代艺术史家、美学家。

题如此相似，但同维科的问题相比相形见绌——支离破碎、互不连贯。然而，他们的问题是新问题，并吸纳维科以后形成的概念，尤其是在日耳曼文化前提下产生的，同维科几乎全是古典及人文主义文化前提截然不同。此外，其他人应用心理学方法更新古代修辞学家所作的某些区分，并且结合美和艺术想方设法澄清并限定崇高、喜剧性及类似情感形式。在 18 世纪末，康德是 18 世纪美学思想的会聚点（反映在《判断力批判》中，包括其中的探究和论战，把握的真理和令他痛苦的疑惑），与此同时，他又是超越其思想的起点。这一切说明为何美学史家在此领域给予康德一个类似恺撒和拿破仑的地位，为何"两个挥刀相向的世纪"都朝向他，等待他的决定性话语。今天，这个半象征性形象仍可时兴，只需谨慎小心地加以解释。千真万确，康德以有力方式提出 18 世纪关于趣味的绝对性或相对性问题，以及关于天才的规则性或非规则性、纯粹美和依存美、崇高和喜剧性、艺术的界限等其他问题。然而，同样千真万确，关于美的力量，康德仅仅指出具有强烈却消极及普遍的特征，该特征类似于由他拯救的道德规则，以反对任何种类的物质的或功利的伦理学；康德是反历史的，反辩证法的，在他那里没有反映出业已开始的对诗及语言的历史－辩证的考察。在这方面，康德以后的德国美学，从席勒到黑格尔，直至如叔本华般低微的模仿者之流，不是和康德，而是和赫尔德，还有莱布尼茨及鲍姆加登（并且最理想不过，和维科）重新联系；这种美学现在仍有其追随者。此外，在这种美学中，关于艺术在精神生活中的作用问题，同认识绝对的思维工具问题等量齐观；从而，时而艺术同哲学混为一谈，时而艺术沦为一种低于哲学的形式，即一种神话思维，时而艺术又提升至超级哲学的高度。艺术活动的统一性受到这种外在因素的干扰，分裂成内容与形式；修辞学、文学体裁、艺术分类、自然美、审美感觉及所有其他经验主义货色都得以保留；更为糟糕的是，它们都被理性化，并且按哲学真理方式被推演。由于相同理由，那些美学家不仅没有深化，反而看不见诗与纯粹表现、具体语言的联系。而语言哲学走自己的路，关注争论语言起源、语言与逻辑性关系诸如此类问题，而忽视研究美学本身问题。虽然如此，他们对艺术事物有着丰富的认识和观察（一部分是那些哲学家从当时浪漫主义文学批评中汲取的，一部分是他们自己建构的，他们本身作为浪漫主义批评家），他们研究的主要问题不是美学问题，而是哲学的逻辑问题，他们竭尽全力，在康德新主观主义和旧形而上学及神学之间进行调解；从而，当预想体系模式之剑尚未砍向艺术时，艺术及其特殊问题，作为中世纪百科全书及经院哲学体系中的语法及修辞学，最终外在地进入他们的论著。然而，从另一方面看，这些哲学家研究的问题极大地促进哲学的发展，因此也极大地促进美学的发展，因为虽然他们封闭在形而上学的硬壳内，却努力工作以确立一种绝对唯灵论，从而他们在这儿和那儿突破硬壳，尤其为了同新时代的政治及道德一致，重新建构历史思想，认为只有在历史中，艺术、哲学思维和任何其他生活形式才是实在的。无疑，在形而上学唯心主义之后，产生的实证主义和心理主义中，应当发现对美学的促进。虽说这种促进是间接的，但也不应被忽视。初看起来，实证主义和心理主义似乎抑制并灭绝任何艺术观念，在新自然主义和新唯物主义神学中，艺术观念不可能找到，也找不到位置。然而，由于新自然主义不是旧自然主义，它是作为最新唯心主义对立面诞生的，它内在包含反对那种唯心主义的形而上学及神学的残余的论战，虽说论战粗俗，但已不非法，也并非全然无效。由于新自然主义竭力清除那些残余，拒绝在美学中"进行推演"，还建议美学应用生理学的及物理学的方法；从而，提出一个肯定的坏建议，却提出一个否定的好建议。在真正哲学学派之外，但并非未受哲学影响，尤其是受唯心主义及浪漫主义的哲学的影响，文艺批评（在意大利是德·桑克蒂斯，在法国是福楼拜①及波德莱尔②，等等）继续自己的事业，形成一种艺术意识，由于相同原因，这种艺术意识厌恶形而上学者的抽象和实证主义者的粗劣。文艺批评不断地肯定并强调许多关于艺术"形式"的基本真理，这些真理受到直接研究和艺术实践的启示，这些真理准备并让人感受到需要扩展研究领域并完成新体系安排。

（三）

这种简明概述不能勾勒出美学史大纲，但正如上文所说，一个小例子就能说明美学史问题千差万别，说明不可能将美学史按"唯一"问题的历史陈述（若不想伪造历史或让历史贫乏化）。还请注意，正如被学者研究的问题千差万别，同样对美学史的陈述也将永远千差万别，历史学家根据自己的思想兴趣，将陈述一个、若干个、许多个、特多个问题，但从不会

① 福楼拜（C. Flaubert, 1821－1880），法国 19 世纪现实主义文学大师。
② 波德莱尔（C. Baudelaire, 1821－1867），法国现代派诗人。

穷尽所有问题；他们时而突出此问题，时而突出彼问题或一组问题，还出于教育清晰性的需要，把突出的问题说成是基本问题，却从未能说明其绝对先在性的理由。当然，在陈述历史时，不能禁止将相似问题归类，并且不能禁止提出"诸多思想家共同关注"的"同一"问题（上文不得不分门别类地扼要叙述，主要是为了提供概要），但最好不要忽视如下事实：正如常言所说，所谓同一问题"具有不同色调"，即它在各个思想家那里"千差万别"。事实上，"色调变化"的比喻，是指限定问题的多样化，因此也是问题的多样化。由于业已证明问题千变万化，并且问题在任何时候都五花八门地交织，因此更不能禁止将历史按各个时期陈述，在此种情况下只需记住，各个时期在时间分界上是大致的，在内在核心上是相似的。因此，在某一时期出现某类问题，其后就被悬置起来，但等待一个或数个时期后会再次出现。这在上文陈述中不乏其例。然而，这里也隐含着把美学史划分为时期，或首先划分为两个时期：史前史时期，包括 17 世纪文艺批评及哲学之前的两千多年；历史时期，从 17 世纪至今。历史时期可以清晰地分为四个阶段：第一阶段，是前康德美学阶段，其主要论题是探寻审美"功能"及其在其他精神"功能"中的位置。第二阶段，是康德美学及后康德美学阶段，直至形而上学唯心主义衰落，在此阶段精神的功能摆脱其抽象性和并置性，被理解为精神的观念史，而艺术在这种观念进程中确定位置；此外，这一观念进程仍是某种宗教史诗，因此艺术在其中变成神话，一种或多或少带有审美性质的神话。第三阶段，是实证主义和心理主义的阶段，此阶段几乎延续至 19 世纪末，在此阶段由于反对形而上学，重新用自然主义考察艺术，没有形成艺术理论，却也并非没有收获，即对美学中形而上学化产生正确的厌恶之情。第四阶段，是当代美学阶段，摆脱形而上学和实证主义，但未脱离哲学，因此在一种审美精神哲学的形式下，重新开始研究艺术问题。这最后一个阶段，某些人认为已经终结，但依我看仅仅开始；无论如何，没有终结，因为一个阶段终结，只有其所有新问题和新解决方法整体形成，从而开启另一阶段。正在前行的新阶段，尚未进入我的视线，但我能清晰地看到，纯粹直觉或抒情直觉的美学，不仅展开同心理主义及自然主义偏见的斗争，而且展开同源于形而上学的更加顽固偏见的斗争，形而上学确实对人类思想一再起着教育作用。

　　无论如何，其后，这四个阶段也是近代哲学史的四个阶段，每个阶段都有自己的特征，正如大家会轻而易举地赞同第一阶段和第三阶段，但对第二和第四阶段达成共识就不容易，因为少数人发现，最近几十年通过或多或少成熟、成功、逻辑的探索，欧洲思想不断形成的恰恰是一种新哲学观，不准确地把它视为新唯心主义、新康德主义、新费希特主义，而实际上它是一种反实证主义及反形而上学的哲学。最近，我建议（以我特别接受的那种形式）界定为"历史学的方法论环节"。然而，继续这方面的考察将会超出这篇论文的范围。该论文不仅旨在简单地阐明美学同哲学的一致，而且进而阐明美学史同哲学史的一致。此外，这种一致性已经被那些美学史家接受，他们研究全部其他哲学对美学问题的功效，或被哲学其他领域的历史学家接受，他们研究美学对逻辑学或伦理学发展的功效，诸如此类，不一而足。然而，历史学家不断承认并描述的"相互作用"不是其他，只是美学与哲学一致的"比喻"。不提比喻，也可以说任何逻辑的或伦理的问题或其他问题，同时也是美学问题，反之亦然。甚至，更确切地说，补充"反之亦然"也不恰当，因为在第一个命题中，业已一石双鸟——正向和逆向地加以断言。

1916 年

艺术表现的整一性

艺术表现，以其颇具个性的形式，囊括一切并在自身反映宇宙。这句话已被多次强调，甚至它已成为一种标准，人们通常凭借它以区分深刻艺术与肤浅艺术、刚劲艺术与柔弱艺术、完美艺术与形形色色不完美艺术。然而，在旧美学中，人们将该特征理论化的方法并不成功，正如业已指出那样，此方法在于让艺术接近宗教和哲学，认为艺术同宗教及哲学的目的相同——认识终极实在。为了实现该目的，艺术时而同宗教及哲学竞争，时而相对于最高及最终程度的宗教及哲学而言，呈现出暂时的及准备的状态，最终艺术本身也达到最高及最终程度。

这一学说具有两方面的错误。首先，简单化地设想认识过程，认为该过程没有差异和对立，因此它有时是纯粹直觉的，有时是纯粹逻辑的，有时是纯粹神秘的。其次，设想认识过程，如同发现静止的，从而是超验的真理。沿着这条路，该学说虽然承认艺术表现的普遍性和整一性，却因不承认艺术的独特性，从而剥夺一般艺术创造的力量。

为了避免第二种错误，并以某种方式同近代思想取得一致，近代思想在其内在、不可抑制的冲动中，是内在论思想和绝对唯灵论，艺术不再被视为学习静止不动的概念，而是被视为永恒地形成判断及成为判断的概念。这很容易解释艺术的整一性，因为任何判断都是对普遍的判断。因此，由于艺术不是简单的表现，而是判断性表现，艺术就一劳永逸地给事物分派位置并赋予价值。但该理论遇到一个难以逾越的困难，因而被搞得支离破碎：判断性表现不再是表现，而是历史判断或历史。除非人们不想继续认为（正如过去人们通常认为，现在许多人仍然认为），历史是对事实的纯粹的未加工的断言，但在此种情况下，判断或判断性表现将同哲学相一致，即同所谓"历史哲学"而非艺术相一致。总之，艺术作为判断的理论避免静止及超验的错误，却未能避免认识论简单化的错误。认识论简单化完全以逻辑主义形式呈现，或许会导致新的、或多或少矫饰的超验，但确定无疑的是，否定艺术中成其为艺术的东西。

艺术是纯粹直觉或纯粹表现，不是谢林式的理智直观，也不是黑格尔式的逻辑主义，不是历史反思中的判断，而是完全没有概念及判断的直觉、认识的原初形式；没有这种形式，就无法理解其后更为复杂的形式。为了理解艺术整一性的特征，我们千万不要脱离纯粹直觉的原则，也不需要对它做修改，更不需要折中主义的补充，但需要紧靠其界限，甚至高度警惕地扼守其界限，在这些界限内深入探究艺术的整一性，发掘其蕴藏的取之不尽的宝藏。

有时，有人对上述看法提出异议，他们认为艺术不是直觉而是情感，或者不仅是直觉还是情感。他们认为纯粹直觉冷漠无情；我们也曾证明，恰恰由于纯粹直觉没有涉及理智和逻辑，所以充满情感和激情，也就是说纯粹直觉只把直觉及表现的形式赋予一种精神状态，因此在那种表面冷漠下，就是满腔热忱，任何真正的艺术创造都是纯粹直觉，但仅当它是纯粹抒情的条件下才成立。我们看到近期一些理论家艰难迂回，并走上歧路，最终提出看法：艺术是直觉和情感。我们觉得他们这样说毫无新意，甚至在重复艺术家和批评家名言中无数次说过的东西。他们使用那个连词"和"，还有那个"也"（黑格尔有充分理由厌恶在哲学中使用该词），使得他们距离真正科学建构工作甚远，在美学领域，他们没有达到叙述原则的统一，因为如此陈述的两个特征仿佛彼此并列，至多是衔接，但需要发现彼此融合并让它们同一。

人们正确地承认艺术表现具有普遍性或世界性（无人比威廉·洪堡论《赫尔曼与窦绿苔》① 的论文论述得更清晰了），若认真考察这一原则，则会发现它本身就是证明。因为，情感或一种精神状态到底是什么？或许可以脱离世界而自为地发展？或许部分和整体、个体和世界、有限和无限彼此分离、相距甚远，那还具有实在性？人们只得赞同，这种关系的两极的任何分离和孤立只能是抽象活动，由于这种抽象活动，只能产生抽象的个体、抽象的有限、抽象的统一和抽象的无限。然而，纯粹直觉或艺术表现彻底厌恶被抽象化；甚至，纯粹直觉或艺术表现并非厌恶被抽象化，因为其对抽象一无所知，恰恰由于其天真的认识特征，即我们业已说过的初始

---

① 歌德于 1797 年发表的以当时难民问题为题材的长篇叙事诗。

的特征。在纯粹直觉中，个体因整体的生命而存在，整体存在于个体的生命中；任何纯粹艺术表现既是自身又是普遍，在那种个体形式中的普遍，那种个体形式作为普遍。在诗人的每个词中，在其想象的每一创造物中，存在整个人类命运、全部希望、幻想、痛苦和欢乐、豪华和人类贫困，诗人描绘实在的全部戏剧场景、它们永恒的变化和发展，同时感受着痛苦和欢乐。

　　因此，从本质上看，难以设想在艺术表现中确认纯粹个别、抽象个体、纯粹有限。若发生此种情况，在某种意义上确实发生，则表现就不是艺术的，或不完全是艺术的。从直接情感过渡到中介并在艺术中消解的过渡，从实际意愿、渴望向审美认识的过渡，在此种艰难困苦过程中，若没有达到其终点，而是半途止步，此时既不黑也不白。若不凭借各种或多或少自觉的武断行为，就不可能摆脱这种审美矛盾状态。有些艺术家不把艺术视为对激情的沉思和净化，而是作为激情本身及激情的宣泄，他们让其欲望的呼喊、心灵的厌烦及骚动渗透到精心制作的作品中，由于这种污染，使得作品呈现一种特殊、有限、狭隘的面貌。那种特殊、有限和狭隘的品格不属于情感（情感既是个人的又是普遍的，作为任何形式和任何实在活动），也不属于直觉（同样直觉既是个人的又是普遍的），而是属于不是纯粹情感的情感，属于还不是纯粹直觉的表现。因此，人们司空见惯：低劣艺术家远比卓越艺术家提供更多关于个人生活及其时代社会的文献，而卓越艺术家作为实践者，则超越时代、社会及自身。由此可见，前者的作品令我们心烦意乱，它们激情勃发，但缺乏纯粹直觉形式下的理想化激情，而那种激情恰恰是艺术之所在。

　　由于这一原因，早在我青年时期著作《美学》① 中，就告诫不要将表现同实践表现混为一谈，从而形成表现与直觉同一的理论，并把该理论变为艺术准则。审美表现和实践表现截然不同，虽然后者也称作表现，但只是欲念、渴望、意愿及行动本身，具有直接性，其后变为自然主义逻辑的概念，也就是特定实际心理状态的征兆。例如，正如在达尔文对人与动物的情感表现的研究中所见。当我将发怒者和描绘愤怒的艺术家或演员加以比较，这种差异一目了然：前者火冒三丈，倾诉愤怒之情，怒火渐渐平息；而后者能驾驭情感风暴，其后将它升华为审美表现的彩虹。艺术冲动

---

① 指 1902 年出版的《作为表现科学和普通语言学的美学》，当时克罗齐年仅 36 岁。

和实际冲动如此不同，从而大家记得埃德蒙·德·龚古尔①一篇小说中那令人毛骨悚然的一幕：一位女演员守在濒死的情人床前，她的天才让她身不由己地把在垂死者脸上看到的极端痛苦表情用艺术手段再现出来。

因此，赋予情感内容以艺术形式，也就是同时给它盖上整一性的印记，给予普遍性灵感。在此种意义上，普遍性和艺术形式不是二物而是一体。节奏和韵律、叠韵和韵脚、比喻与被比喻物的贴切、色彩及音调的和谐、匀称、和声，所有这些方法，修辞学家都错误地抽象地加以研究，这样就使它们变成外在的、偶然的和虚假的东西，而实际上它们是艺术形式的同义词，它们在个性化的同时，让个体性与普遍性协调一致，因此在同一活动中实现普遍化。此外，正如另一方面，在近代美学初期已呈雏形的理论，在古代由亚里士多德的艺术摆脱任何利益的模糊的净化理论（正如康德所说，无关功利②）预示的理论，或艺术从任何实际利益中解脱出来的理论，有待解释成反对将直接情感引入艺术或让直接情感在艺术中持续存在的倾向，情感是不能被消化器官吸收的食物，这些食物会变为毒药；但绝不能解释成对艺术内容漠不关心，也不能把艺术沦为一种简单、轻佻的游戏。虽说席勒的思想不同于该理论，但将"游戏"这个词及概念无益有害地引入美学讨论应归功于他。其后，"游戏"在德国极端浪漫派那里变成所谓"讽刺"，这种讽刺被施莱格尔③赞誉为"机智"，而路德维希·蒂克④称颂为诗人"未完全投入其主题，而在其上飞翔"的能力，最终形成一种滑稽艺术，或者把滑稽可笑的艺术视为唯一理想艺术，让它凌驾于广阔艺术世界之上。青春期的海涅温柔、热忱，他以后回忆起这种艺术，如此描写：

> 疯狂，长着聪慧的面庞！
> 而睿智却变得癫狂！
> 死亡的叹息，骤然
> 化作一片欢笑！⑤

---

① 埃德蒙·德·龚古尔（Edmondo de Goncourt, 1822 - 1896），法国作家，对法国自然主义小说、社会史和艺术批评有重要贡献。
② 原文为德文。
③ 施莱格尔（Federico Schlegel, 1772 - 1829），德国作家、批评家。
④ 路德维希·蒂克（Ludovico Tieck, 1773 - 1853），德国早期浪漫主义运动的作家、批评家。
⑤ 原文为德文。

　　这些滑稽可笑艺术提供诗人实践个性侵犯纯粹艺术幻象的典型例证，正如主要在所谓"幽默艺术"中所见，这促使黑格尔判断在现代世界艺术消除，并预言艺术死亡。若想更清晰地说明，艺术就其性质而言，从实际利益中解放出来，可以说在艺术中不是取消一切实际利益，而是在表现中让所有实际利益共同有效，因为只有以这种方式，个体表现才能摆脱特殊性，并获得整一性的价值，从而变成具体地个体的。

　　人们感觉同直觉原则不相容的东西，并不是普遍性，而是以寓意或象征形式，以隐匿上帝启示的半宗教形式，并以判断的形式，赋予普遍性以理智主义及超验的价值。这种价值将主语和谓语分开，再使它们统一，这样就损坏了艺术的魅力，用实在论代替艺术的理想性，用感知判断和历史考察代替单纯的幻象。它同艺术不相容，不仅因为反对艺术的有效性，而且还由于此原因，一种类似的令人失望的理论方法将多余，并且因加重无用的负担，会妨碍纯粹直觉学说。在纯粹直觉学说中，艺术表现必须以普遍情感为前提，这样就提供完全直觉的普遍性，从形式上看，这种普遍性和以任何方式作为判断范畴被思考并使用的普遍性截然不同。

　　然而，那些求助于上述理论方法的人们，还主要出于道德的或道德主义的需要，他们时而面对伪艺术的显现感到焦虑（这有道理），时而面对真正、无邪艺术而感到胆怯（这是错误）。从而，应当及时加以补充，只有坚持没有任何道德倾向的纯粹直觉原则，一方面，才能提供他们正确论战的有效武器，另一方面，才能消除他们毫无根据的恐惧心理。换言之，只有坚持纯粹直觉原则，才能有效地消除艺术的道德败坏，又不会陷入道德主义的愚昧境地。沿着任何其他道路，只会干出同 1858 年巴黎法庭起诉《包法利夫人》作者①时那著名判决书相媲美之事："鉴于文学的使命是应当通过培养智慧和净化品行来美化和再造精神，鉴于……完成它被认为所带来的福祉，不应当仅仅在其形式和表达中是纯洁的和纯正的。"② 该小说中的一个人物、药剂师郝麦可以在该判决书上签字。那些认为道德需要人为地培育并在尘世事物进程中实现规范，同样需要人为地渗透至艺术的人们，其心不诚，因为若伦理力量确实是普遍力量，并且是世界——自由世界——的女皇，她凭借自己的美德进行统治；艺术越能纯粹地重构并表现实在运动，它就越完美；艺术越能更好地描绘事物本身的道德，它就越纯

----

① 指法国作家福楼拜。
② 原文为法文。

粹。若有人准备用艺术倾诉憎恨或妒忌之情，又有何妨？若他是真正的艺术家，就会通过对恨的表现以产生爱，他就将正确行事，纠正自己的不正确行为。若有人想把诗歌贬低为自己好色和淫荡的同谋者，当他写诗时，艺术意识迫使他将因淫荡引起的心乱如麻转变为专心致志，并且让淫荡的浊流变成清泉，他身不由己地唱起苦闷和忧愁之歌，又有何妨？最终，还有人出于其实际目的，想要强调某件特殊之事，渲染某个插曲，述说某句话语；但其作品的逻辑及审美连贯性迫使他不再强调那件特殊之事，不再渲染那个插曲，不再述说那句话语。审美意识无须向道德意识借用贞节感，因为它自身就具有贞节、端庄及审美纯洁的品格，它知道在何处必须保持静默，而不采用其他表现形式。相反，当一位艺术家违反审美贞节，并违反其审美意识，还让与艺术目的无关的货色渗透至艺术，即使他的操劳和意图未必不崇高，但他在艺术上是彻头彻尾虚假的，在道德上是完完全全有罪的，因为他缺乏艺术家的使命感，而这才是他直接和紧迫的职责。将色情和淫荡的货色引入艺术，通常成为让谦谦君子愤愤不平的理由，那只是道德败坏的现象之一，并没有说永远都是其中最坏的现象，因为我觉得最糟糕的莫过于愚蠢地炫耀美德，从而使美德本身变得愚蠢。

审美活动，鉴于具有自检和自控的能力，通常被称作趣味。众所周知，在真正的艺术家和真正的批评家那里，趣味"随岁月流逝而日渐高雅"。这恰恰意味着在青年时代往往喜欢激情、充沛却迷茫的艺术，这种艺术充斥直接和实际的表现（情爱的、造反的、爱国的、人道的或其他感情色彩的），但人们逐渐对这种廉价热忱感到厌烦和恶心，越来越喜欢那些遵循形式的纯洁、达到美的高度、从不让人厌烦和恶心的艺术作品，甚至喜欢那些作品的某个部分或篇章。艺术家创造日益困难，因为他们越来越对自己工作难以满意；批评家判断日益困难，但他们在赞赏艺术作品时越来越热忱和深刻。

由于我在这篇论文中，继续论述艺术哲学或美学，正如任何科学，并非存在于时间之外，即并非存在于历史条件之外；因此艺术哲学或美学伴随时代发展，时而突出与其研究对象有关的这类问题，时而突出那类问题。这样，在文艺复兴时期，诗歌和艺术在其新方向上反对中世纪的民间粗陋，美学学说主要强调规范、对称、布局、语言、风格等价值，并且根据古人的模式，重构形式的学科。三个世纪之后，该学科让艺术家变成学究，损害他们的情感及想象的能力，整个欧洲都理智化了，但从诗歌视角看，却是一片干枯荒漠。作为一种反抗，浪漫主义突然而至，它甚至妄图复兴中世纪，相应的美学充斥幻想、天才、热忱等问题，推翻并扰乱种类和规则，并且研究灵感和出自本能创作的价值。然而，现在，浪漫主义已过去一个半世纪，美学偶然地强调关于艺术真实的普遍性或整体性的学说，强调艺术真实要求对情感及激情的个体倾向及直接形式进行净化，不是受益匪浅吗？其实，在法国各地及其他国家，人们在不断地谈论"回归古典主义"，回归布瓦洛①的准则和路易十四时代的文学；这样做不是不轻率，因为复古不可能，正如文艺复兴不可能返回古代，浪漫主义也不可能返回中世纪。此外，我觉得，多数古典主义鼓吹者受到激情的及色情的诗歌的搅扰比他们攻击的对手还要严重，后者通常是些心灵淳朴之人，能够更容易改正错误并成为古典型的艺术家。无论如何，若整体地考察，要求回归古典主义是合理的，因为当时历史条件需要这样。

根据多次更新的意见，近代文学，即最近一百五十年的文学，观其全貌仿佛一部巨大忏悔录，其原本恰恰是日内瓦哲学家②的《忏悔录》。近代文学的这种忏悔的显著特征，说明该文学何以充斥个人的、特殊的、实践的、自传的题材，即我在上文称作的"倾诉"，它与"表现"截然不同；这种忏悔性造成整体真实性的衰弱，从而造成风格的衰弱或缺失。虽然人们多次争论妇女在近代文学中所占空间日益扩大的原因（一部《诗学》的作者、德国人波林斯基认为，近代社会每天都专注于商业及政治的严酷斗争，从而把写诗的职能委派给妇女，正如在好战的原始社会专让妇女做森林祭司和类似先知！），我认为，真正原因应当到上文提及的近代文学具有的"忏悔"特性中探寻。由于忏悔特性的作用，文学的大门向妇女敞开，她们多愁善感又非常务实，她们通常阅读诗集，特别关注所有与个人奇遇及情感挫折产生共鸣的内容，于是当她们被引诱倾吐心声时，总感觉十分安逸；她们并不在意风格缺失，因为正如那句妙语所说："女人不拥有风格。"③ 妇女在近代文学中尽情狂欢，因为在审美方面男人也女性化了；其女性化的标志是，他们恬不知耻地炫耀其卑鄙行径并迷恋直率。然而，由于迷恋，那种直率就不是直率，而是或多或少巧妙的伪装。这样，他们凭借玩世不恭的态度，竭力赢得他人的信任，在这方面卢梭最先做出榜样。

---

① 布瓦洛（N. Boileau, 1636–1711），法国诗人，当时文学批评界泰斗。
② 指卢梭。
③ 原文是法文。

作为病人、严重病人，他们乐意用药，但用药结果表面上减轻病情，实际上却加重病情。从 19 世纪至今正是如此，有人多次尝试恢复艺术的形式或风格、自若、尊严和从容，恢复纯粹美；所有这些被刻意追求的东西，提供缺陷的新征兆和证据，虽说人们注意到这种缺陷，却无能为力。用现实主义和真实主义超越浪漫主义的尝试更具魄力，这需要自然科学及自然科学促进的态度的帮助；然而，过分强调细节、大量细节的倾向，在那一流派中并未减弱反而增强，该流派的渊源及性质正是浪漫主义的。其他著名文学表现也有相同浮夸倾向，从法国由龚古尔兄弟呼吁并代表的"艺术笔法"，到意大利的帕斯科利①的令人痛苦的努力——用写实手法描绘直接印象，从某种意义上讲，这种努力使他成为未来主义和"噪声"音乐的先驱。让近代文学主体受尽折磨的疾病性质，很快就被大艺术家、欧洲的卓越艺术家而非小批评家所揭示。歌德和莱奥帕尔迪彼此并不认识，却几乎使用相同语言阐明古代人和近代人的对立。那位德国诗人说，古代人"表现存在，而我们通常表现效果；他们描绘恐怖，而我们恐怖地描绘；他们描绘愉快，而我们愉快地描绘……从而产生所有的夸饰、做作、伪装优雅、浮夸，因为当有人为了效果而描述效果时，连他本人都不相信会让人充分感受到该效果"。那位意大利诗人赞誉古人的"淳朴"和"自然"，"由于他们不似近代人被事物细节牵着鼻子走，从而证明近代作家的意图不是述说或描写事物的自然面貌，而是不断地'精雕细刻'，描写环境，叙述详细，描写冗长，其目的是产生效果。这样，作家目的一目了然，却破坏了作品的从容不迫、浑然天成，而凸显技巧和做作；诗人将空洞无物的喋喋不休引入诗歌"。于是，"古人的诗歌或美的艺术的印象"是无限的，"而近代人的诗歌或美的艺术的印象是有限的"。歌德也乐于发明好词以"嘲笑浪漫派的诗歌"："传染病院的诗歌"，并用"提耳泰奥斯②式诗歌"与之对立。"提耳泰奥斯式"诗歌不仅是鼓舞斗志的战歌，还包括"激励人们在人生战役发扬大无畏精神"的诗篇。虽然王尔德③抗议给名词"艺术"前加上"病态的"这个形容词，但抗议者的所作所为却证实该形

---

① 帕斯科利（G. Pascoli, 1855 - 1912），意大利诗人，写有大量风格独特的抒情诗，对现代意大利诗歌很有影响。

② 提耳泰奥斯（Tirteo，公元前 7 世纪），古希腊诗人，撰写战歌鼓舞斯巴达士兵勇敢战斗和克己自律，并回顾往昔的胜利，确信未来必将百战百胜。

③ 王尔德（Oscar Wilde, 1854 - 1900），英国唯美主义作家，提出"为艺术而艺术"的主张，反对用道德伦理支配艺术。

容词恰如其分。①

　　一种文学或一种艺术的"一般性质"不能直接解释该文学或该艺术产生的诗化作品，更不能用作判断；甚至，正如我们所知，这种"一般性质"丝毫不能说明真正意义上的审美或艺术的东西，虽然指示一种简单实际倾向，即文学中并非真正艺术的东西，这关乎文学的素材，有时涉及文学的缺陷。不言而喻：天才艺术家、杰出诗人、伟大作品及其伟大篇章，即在诗歌史上举足轻重的，绝不向病态和一般倾向屈服低头。大诗人和大艺术家从各国和各个时代汇集于金碧辉煌的殿堂，他们作为同胞受到欢迎，彼此以兄弟相称，无论他们来自公元前8世纪还是公元20世纪，无论他们身着古希腊女袍或中世纪佛罗伦萨男袍，还是穿着英格兰人厚上装或披着东方人亚麻白袍；大家都是经典作家，在此词最佳含义上，按我的理解，即指原始和文明、灵感和流派的特殊融合。然而，认为确定一个时代的思想、情感和文化的潮流对诗歌研究毫无补益，则大错特错。因为，它首先有利于为艺术标准提供具体、有效的形式，从而识别真正艺术家的艺术，并将其同半艺术家或假艺术家的艺术区分开来。其次，有利于认识那些大艺术家，进而发现他们必须克服的困难、对粗糙材料进行加工并提高至艺术内容的成功。最后，这将有助于揭示他们的某些缺陷（由于大艺术家也有致命缺陷）。

　　然而，确定优势倾向或一般性质还有益于告诫艺术家，让他们警惕在创造的相同条件下会遇到的对手。批评恰恰凭借颇为一般的告诫帮助艺术家反对其对手，不能提供其他任何帮助。但这种告诫还可以更具体，规劝艺术家不要理睬过去和现在不少人的解释：上文描写的一个特定民族或种族的特有心理状态，以后才传染给其他民族。因为，虽然日耳曼民族和那些社会文明进程较短民族的文学确实往往具有直接、暴力和粗鲁的表现，但事实上这种表现是人类普遍的倾向，在各个时代和一切地方都存在。从历史上看，这种倾向在欧洲各地作为群众现象以强烈形式显现始于18世纪末，因为它符合哲学、宗教和道德的共同的一般的条件。我们业已指出，这种倾向仅仅间接地反映于文学，首要、直接根源在于哲学、宗教和道德。因此，试图用审美形式主义药物治愈该疾病徒劳无益，似乎病因在于

① 1893年，王尔德用法文写成的《莎乐美》一剧描写反自然的爱情，曾遭到禁演。1895年，王尔德被控和青年道格拉斯搞同性恋，被判两年徒刑。他在狱中写了《从深处》的长信，抱怨道格拉斯对他的引诱。

对修辞学和技巧的无知。我们对这种尝试屡遭失败的结果记忆犹新。仅当欧洲精神中断、新信仰巩固，最终从极端苦闷、历经艰辛、挥洒热血中汲取教训，疾病减轻并几乎消逝。若各个艺术家的哲学、伦理、宗教的品格，即其个性健康发展，这是艺术也是其他任何事物的基础，则该疾病将如过去被战胜那样被战胜，最终会减轻并消逝。若疾病没有减轻，反而在不久的将来会加重并复杂化，则对已受磨难并正受磨难的人类社会来说，更长期的考验不可避免。虽然如此，真正的艺术家仍然坚持不懈地追求完整的真理和古典的形式，正如在疾病肆虐的 19 世纪，那些给近代文学带来荣耀的大艺术家，从歌德、福斯科洛、曼佐尼和莱奥帕尔迪，到托尔斯泰、莫泊桑、易卜生和卡尔杜齐①，他们都是这样做的。

1917 年

---

① 卡尔杜齐（G. Carducci，1835 – 1907），意大利诗人，前期作品反对天主教会和封建制度，拥护资产阶级革命。后期诗歌多运用历史题材，抒写个人情感。获 1906 年诺贝尔文学奖。

译后记

——为何重译《美学纲要》

《美学纲要》(*Breviario di estetica*) 是克罗齐继《作为表现科学和普通语言学的美学》(中译本《美学的理论》是该书理论部分,以下简称《美学的理论》)之后又一部美学理论力作。克罗齐受赖斯学院(美国得克萨斯州新大学)院长奥德尔教授之邀,为该校落成典礼所写的讲演稿,1913年用意大利语发表。同 1902 年的《美学的理论》相比,克罗齐对美学诸多概念的陈述更加明晰,使得它们之间的联系更加紧密。可以说,《美学纲要》是对《美学的理论》中探讨的美学问题的扩展和深化,充分论述抒情直觉及艺术创造的理论、批评及文学艺术史的方法论。

一 关于版本

韩邦凯、罗芃两位学界前辈早在 1983 年就译出《美学纲要》(外国文学出版社),功不可没。然而,实事求是地说,韩、罗译本根据 1921 年道格拉斯·昂斯勒的英译本移译,也存在一些错漏之处。为此,笔者决定根据 1991 年"克罗齐著作国家版"(Edizione nazionale delle opere di Benedetto Croce)的《美学新论文集》(*Nuovi saggi di estetica*, Bibliopolis, Napoli, 1991)翻译。意文版《美学纲要》共分四讲:一、"什么是艺术?";二、关于艺术的偏见;三、艺术在精神中及人类社会中的位置;四、批评及文艺史。韩、罗译本设六章,是按法译本的安排。其中,最后两章是《美学新论文集》中独立成篇的论文:《美学史的起源、时期及特征》和《艺术表现的整一性》。新译本根据意文版恢复原貌,将这两篇论文放在附编。

这里仅就第一讲——"什么是艺术?"看韩、罗译本的缺陷。

二 关于美学范畴的译法

(一) 我改进的译名

1. rapprentazione，原译"再现"，现译"表现"。因为此概念和 espressione（表现）是同义词。克罗齐使用 riproduzione 表示"再现"或"再造"。比如，riproduzione estetica，若指艺术家的活动（审美外现），译作"审美再现"；若指批评家的活动（审美判断），译作"审美再造"。

2. edonismo，原译"快感主义"，现译"快乐主义"。快乐主义属哲学范畴，而快感主义属心理学范畴。克罗齐认为，心理学范畴属于伪审美概念，故在翻译克罗齐的美学范畴时，切忌按心理学范畴理解。

3. sietesi a priori，原译"先验综合"，现译"先天综合"。

4. piacere，原译"快感"，现译"快乐"。因为快感只指感官的快乐，没有精神的愉悦。克罗齐认为，艺术引起真正的精神愉悦，而不是感官快乐。罗丹也强调艺术引起"精神的愉快"。

5. idealità，原译"意象性"，现译"理想性"。克罗齐写道："意象就其纯粹意象价值而言，是意象的纯粹理想性。"克罗齐也提及"自然的理想化"（idealizzamento della natura）。

(二) 我纠正的译名

1. spirito，原译"心灵"，现译"精神"。因为克罗齐使用的 spirito 源于黑格尔的 Geist，因此，spirito 的译名应参照 Geist 的译名。在意大利文版《哲学百科全书》"Spirito"条目下写道："从康德的批判主义产生了黑格尔关于精神（Geist）概念的最初含义，这是他于 1807 年在《精神现象学》中建构的，其后他在《哲学全书》中扩展为完整的哲学体系，把精神区分为主观精神、客观精神和绝对精神。克罗齐的'精神哲学'把精神划分为四种差异范畴，实现了对黑格尔哲学的改造。"[1] 显然，"精神"是个重要的哲学范畴，"心灵"承载不了哲学的重负。克罗齐在"精神"和"心灵"之间做了严格区分：前者用"spirito"，后者用"anima""animo"

---

[1] *Enciclopedia Garzanti di Filosofia*, Garzanti Editore, Milano, 1999, p. 1098.

"psiche"等词。韩邦凯和罗芄两位先生未作区分，可能受到朱光潜先生的影响。

2. conoscenza，原译"知识"，现译"认识"。从而 conoscenza concettuale，不能译作"概念知识"，只能译作"概念认识"。因为克罗齐美学是从哲学认识论开始的。克罗齐在《美学的理论》开头写道："认识有两种形式：或直觉认识，或逻辑认识；或依靠想象力的认识，或依靠理解力的认识；不是对个体的认识，就是对普遍的认识；不是对个别事物的认识，就是对它们关系的认识。总之，不是产生意象的认识，就是产生概念的认识。"①

3. poetica，原译"诗人"，现译"诗学"。因为在意大利语中"诗人"是 poeta。

诗人，指写诗的作家；诗学，这里指阐述文艺理论的著作。

4. allegoria，原译"寓言"，现译"寓意"。因为克罗齐在此讲中对两个概念做了区分："寓言"，他使用 favola。

三　其他错漏

1. bisogno utilitario，不是"实用主义的需要"，而是"功利的需要"，因为在意大利语中"实用主义的"是 pragmatistico，而不是 utilitario。

2. per cosi dire，不是"据说"，而是"可以这样说"。

3. a guisa di rampollo，不是"像幼苗似的"，而是"如泉水般"。

原译：然而，怀疑仍在真理的脚下涌出，"像幼苗似的"——正如但丁老人的三行诗所描写的那样——怀疑，正是它，驾驭着人的理智"从这山到那山"。②

现译：然而，在真理脚下，怀疑，"如泉水般"（如前辈但丁在三行诗中所说）涌出，其后正是怀疑驱使人的理智跨越"座座山丘"。

4. palagio della scienza，不是"科学的海洋"，而是"科学的殿堂"。

5. 意文：i nostri interessi pratici，coi correlativi piaceri e dolori，si mescolano，si confondono talvolta，lo perturbano，ma non si fondono mai col

---

① 克罗齐：《美学的理论》，田时纲译，中国人民大学出版社，2014，第1页。
② 克罗齐：《美学纲要》，韩邦凯、罗芄译，外国文学出版社，1983，第221页。

nostro interesse estetco. ①

现译：我们的实际利益同相应的快乐及痛苦相混，有时甚至混为一谈，它们扰乱我们的审美兴趣，但从未同我们的审美兴趣相提并论。

原译：我们的实际兴趣及其有关的快感与痛感和艺术掺在一起，有时和艺术混淆起来，干扰了我们的审美兴趣，但却绝不等于我们的审美兴趣。②

这里，姑且不提"快感""痛感"的错译，原文中从未出现"arte"，根据什么译出"艺术"一词？

6. 意文：E poiché ogni errore ha il suo motivo di vero, la dottrina edonistica ha il suo eterno motivo di vero. ③

现译：由于每种错误都有其真实动因，快乐主义学说也有其永恒真实动因。

原译：由于每一种错误都含有正确的因素，而快感主义学说中一直正确的因素在于……④

这里，姑且不提"快感主义"的错译，motivo 是动因、动机，不是因素（elemento）；vero 是真实，不是正确（giusto）。况且，真实不一定正确。可见，韩、罗译文偏离了原文的思想。

7. 意文：Per altro, la teoria moralistica dell' arte è anch' essa rappresentata nella storia delle dottrine estetiche，e non è morta del tutto neppure oggi，sebbene sia nella comune opinione assai screditata. ⑤

现译：此外，道德主义艺术理论在美学学说史上也有表现，时至今日仍未完全灭绝，虽然人们普遍认为它已声名狼藉。

原译：此外，关于艺术的道德学说在美学流派史上也有反映，不过我们时代的一般看法对这套理论已经很不以为然。⑥

这里，少译"灭绝"一句，"声名狼藉"（screditata）不是"不以为然"（ripugnante）。

8. 意文：Tutte cose che l' arte non può fare，come non può farle la

---

① Croce, *Nuovi saggi di estetica*, Bibliopolis，Napoli，1991, p. 19.
② 克罗齐：《美学纲要》，韩邦凯、罗芃译，外国文学出版社，1983，第212页。
③ Croce，*Nuovi saggi di estetica*，Bibliopolis，Napoli，1991，p. 20.
④ 克罗齐：《美学纲要》，韩邦凯、罗芃译，外国文学出版社，1983，第213页。
⑤ Croce, *Nuovi saggi di estetica*，Bibliopolis，Napoli, 1991, p. 21.
⑥ 克罗齐：《美学纲要》，韩邦凯、罗芃译，外国文学出版社，1983，第214页。

geometria, la quale, tuttavia, per codesta impotenza non perde punto la rispettabilità, e non si vede poi perché dovrebbe perderla l'arte. ①

现译：艺术不能做所有这些事情，正如几何学不能做一样，但几何学未因有该弱点而丧失丝毫尊严，其后人们不理解，为什么艺术就应丧失尊严。

原译：这些事情是艺术所做不到的，正像几何学也做不到一样。可是几何学并不因为做不到这些事情而丧失其重要性的一丝一毫，人们就不懂，为什么艺术就非得做这些事不可。②

这里，问题出在第二句。impotenza 是弱点、虚弱、无力，不是重要性（importanza）。"丧失"（perde）的宾语是"尊严"（la rispettabilità）。原文中根本没有"艺术就非得做这些事情不可"，这是由于对原文语法的错误分析和意义的错误理解造成的。最后一句 dovrebbe perderla l'arte，主语是艺术（l'arte），谓语是"应丧失"（dovbebbe perdere），宾语是"尊严"（la，单数阴性人称代词，la = la rispettabilità），而不是"那些事情"（le，复数阴性人称代词，le = tutte cose，所有这些事情）。

9. 意文：se l'arte è di là dalla morale, non è né di là né di qua, ma sotto l'impero di lei l'artista, in quanto uomo, che ai doveri dell'uomo non può sottrarsi, e l'arte stessa ——l'arte che non è e non sarà mai la morale – deve considerare come una missione, esercitare come un sacerdozio. ③

现译：若艺术处于道德之外，艺术不偏不倚；但艺术家却置身道德王国，由于他是人，不能逃避人的责任，就应当把艺术本身（艺术从未是道德）视为要履行的使命、神圣的职责。

原译：因为，从艺术在道德范畴之外这点来看，艺术家当然是既不在道德的这一面也不在那一面；然而艺术家既是在道德王国里，那么他只要是人，就不能逃避做人的责任，就必须把艺术本身——现在和将来都不是道德——看作是一项要执行的使命，一个教士的职责。④

这里，主要的问题是前后矛盾：前面说艺术家在道德之外，后面说艺术家在道德王国里。

---

① Croce, *Nuovi saggi di estetica*, Bibliopolis, Napoli, 1991, p. 21.
② 克罗齐：《美学纲要》，韩邦凯、罗芃译，外国文学出版社，1983，第214页。
③ Croce, *Nuovi saggi di estetica*, Bibliopolis, Napoli, 1991, p. 22.
④ 克罗齐：《美学纲要》，韩邦凯、罗芃译，外国文学出版社，1983，第215页。

10. 意文：Perché il mito，a colui che crede in esso，si presenta quale rivelazione e conoscenza della realtà contro l'irrealtà，discacciante da sé le diverse credenze come illusorie e false. ①

现译：因为神话对相信它的人们而言，就是对实在的揭示和认识，并同非实在相对立，从而他们从自身驱逐视为虚幻及骗人的其他信仰。

原译：因为，对于相信神话的人来说，神话本身就是对现实界（它是与非现实界相对的）的揭示和认识——这个现实界把其他信仰当作虚幻加以排斥。②

这里，同非实在相对立的是"神话"（相信它的人们认为它是实在的），不是"现实界"；此外，"现实界"如何排斥其他信仰，因为信仰只能被人们所信奉或摒弃。

11. 意文：tanto più numerosi ed efficaci quanto più energico era lo spirito del filosofo che le professava. ③

现译：信奉它们的哲学家的精神越强有力，解体因素数目就越多并越有效。

原译：而这些瓦解的因素越多，信仰这些学说的哲学家的精神就越有活力。④

这里，把因果关系颠倒了：quanto più 后是原因，tanto più 后是结果。比如：Quanto più lo interrompevano，tanto più lui si innervosiva. 越打断他，他越恼火。

12. 意文：e la fantasia è produttrice，laddove l'immaginazione è parassita. ⑤

现译：幻想是生产者，而想象是寄生虫。

原译：幻想是创造者，而想象则不是。⑥

13. 意文：E questo bisogno di risoluzione del dualismo allegoristico conduce，infatti，ad affinare la teoria dell'intuizione in quanto allegoria dell'

---

① Croce, *Nuovi saggi di estetica*, Bibliopolis, Napoli, 1991, p. 23.
② 克罗齐：《美学纲要》，韩邦凯、罗芃译，外国文学出版社，1983，第 217 页。
③ Croce, *Nuovi saggi di estetica*, Bibliopolis, Napoli, 1991, p. 25.
④ 克罗齐：《美学纲要》，韩邦凯、罗芃译，外国文学出版社，1983，第 219 页。
⑤ Croce, *Nuovi saggi di estetica*, Bibliopolis, Napoli, 1991, p. 29.
⑥ 克罗齐：《美学纲要》，韩邦凯、罗芃译，外国文学出版社，1983，第 222 页。

idea, nell' altra dell' iutuizione come simbolo. ①

现译：事实上，消解寓意二元论的需要，导致作为理念寓意的直觉理论，在作为象征的直觉理论中实现完善。

原译：寓言二元论的需要导致了作为理念寓言的直觉理论的改进，即把直觉看成象征的另一种学说。②

这里，因遗漏一个词 risoluzione——消解，导致同原文"南辕北辙"。

14. 意文：perché nel simbolo l' idea non sta più da sé, pensabile separatamente dalla rappresentazione simpoleggiangte, né questa sta da sé, rappresentabile in modo vivo senza l' ideasimboleggiata. ③

现译：脱离象征性表现而独立存在的理念不可思议，而没有被象征的理念，象征性表现也不可能栩栩如生。

原译：因为在象征中，离开象征的再现而不独立存在的理念是不可思议的；而没有象征化了的理念，象征本身也不可能生动地被再现出来。④

这里，克罗齐所要表达的思想是：在艺术意象中，理念和表现融为一体，在表现中理念全部消解，正如在糖水中方糖全部溶解，若方糖没有溶解于水，水就不会甜（即表现不可能栩栩如生）。而原译文肯定"理念独立存在"，如同肯定在糖水中方糖"独立存在"，就同克罗齐的思想大相径庭。

15. 意文：il romanticismo chiede all' arte, soprattutto, l' effusione spontanea e violenta degli affetti, degli amori e degli odi, delle angosce e dei giubili, delle disperazioni e degli elevamenti. ⑤

现译：浪漫主义首先要求艺术自发并强烈地抒发情感——爱、憎、忧伤、欢欣、绝望、振奋。

原译：浪漫主义首先要求艺术自发而强烈地迸发出爱憎及喜怒哀乐的激情。⑥

这里，主要遗漏两个词：disperazioni，绝望；elevamenti，振奋。

16. 意文：Codeste esprerienze e codesti giudizi critici si possono

---

① Croce, *Nuovi saggi di estetica*, Bibliopolis, Napoli, 1991, p. 30.

② 克罗齐：《美学纲要》，韩邦凯、罗芃译，外国文学出版社，1983，第 224 页。

③ Croce, *Nuovi saggi di estetica*, Bibliopolis, Napoli, p. 30.

④ 克罗齐：《美学纲要》，韩邦凯、罗芃译，外国文学出版社，1983，第 224~225 页。

⑤ Croce, *Nuovi saggi di estetica*, Bibliopolis, Napoli, 1991, p. 31.

⑥ 克罗齐：《美学纲要》，韩邦凯、罗芃译，外国文学出版社，1983，第 225 页。

compendiare teoricamente nella formola. ①

现译：这些经验和这些批判性判断在理论上可以概括为公式。

原译：从理论上还是能在下列公式中继续使用这些经验及这些批判性判断。②

这里，错将 compendiare（概括）译成"继续使用"。

17. 意文：e in essa l' aspirazione sta solo per la rapprentazione e la rappresentazione solo per l' aspirazione. ③

现译：在艺术中渴望仅为了表现，而表现仅为了渴望。

原译：在艺术中，灵感不仅通过再现，再现也不只通过灵感。④

这里，除"灵感"、"再现"不够准确外，全句意思背离原文。因为，克罗齐强调"直觉（表现）只源于情感、基于情感"，表现（直觉）仅为了表达情感。

综上所述，韩邦凯、罗芃两位先生的《美学纲要》中译本存在一些错漏，我以为主要受英译本牵连，因为朱光潜先生的《美学原理》中译本就是如此。这也说明转译本犯错的概率通常大于直译本。以往，受历史条件所限，不少非英语外国学术名著都通过英译本转译，我们首先应当肯定这些转译本在介绍外国学术名著方面作出的贡献，但也要承认它们的缺陷和局限。在中华民族实现复兴的伟大时代，学术界和出版界应有更高的要求，应当通力合作，最终实现从原文直接移译外国学术经典的目标。

2015 年 10 月 15 日

---

① Croce , *Nuovi saggi di estetica*, Bibliopolis, Napoli, 1991, p. 33.
② 克罗齐：《美学纲要》，韩邦凯、罗芃译，外国文学出版社，1983，第 227 页。
③ Croce, *Nuovi saggi di estetica*, Bibliopolis, Napoli, 1991, p. 33.
④ 克罗齐：《美学纲要》，韩邦凯、罗芃译，外国文学出版社，1983，第 227 页。

什么是艺术或诗

　　若考察任何一首诗，以确定何物让人们判断它为诗，则首先应区分出两个恒定不变、不可或缺的要素：意象整体和使其生机勃勃的情感。譬如，我们回忆起在学校背诵的作品片断，即维吉尔①史诗②中的诗句（卷3，294 行以后）。在这些诗句中，埃涅阿斯③叙述他如何听说在他抵达的国家内，特洛亚人赫勒努斯④当上国王，而安德罗玛卡⑤变成王后，此时此刻他激动不已，他对这始料不及的事件感到惊愕，强烈渴望与那位普里阿姆斯家族幸存者⑥重逢并了解如此重大事件。他在小佩尔加莫城城墙外遇到了安德罗玛卡，两个人在西莫伊斯河波浪拍打的岸边相会。她正在一个铺着绿草的空墓和赫克托尔⑦及阿斯提阿那克斯⑧的两个祭坛前举行葬礼。当她看见埃涅阿斯时，惊愕得昏厥过去，身体摇摇晃晃，不久后才断断续续地问他是活人还是阴魂。安德罗玛卡追忆她从大屠杀和羞辱中死里逃生的往事，痛哭失声，羞愧难当：她先沦为被皮鲁斯⑨抽签选中的女奴，逼迫成为后者妃子，后又被许配给被俘为奴的赫勒努斯。俄埃斯特斯杀死皮鲁斯后，赫勒努斯重获自由并成为国王。埃涅阿斯及其随从进入城内，受到

---

① 维吉尔（Virgillio，公元前 70 – 前 19），古罗马著名诗人。
② 指《埃涅阿斯纪》。
③ 埃涅阿斯，是特洛亚国王普里阿姆斯的近亲，特洛亚英雄。
④ 赫勒努斯，是特洛亚国王普里阿姆斯的儿子。
⑤ 安德罗玛卡，特洛亚大将赫克托尔的妻子，特洛亚灭亡后，她和赫勒努斯一同成为皮鲁斯的俘虏。
⑥ 指赫勒努斯。
⑦ 赫克托尔，普里阿姆斯之子，特罗亚英雄，被希腊大将阿奇琉斯所杀。
⑧ 阿斯提阿那克斯，是赫克托尔和安德罗玛卡的儿子。
⑨ 皮鲁斯，希腊大将阿奇琉斯之子，是他杀死普里阿姆斯和阿斯提阿那克斯，后把赫勒努斯和安德罗玛卡俘回本国。

普里阿姆斯后人的欢迎。这是袖珍的特洛亚城，即模仿大佩尔加莫城建成的小佩尔加莫城，还有那条称作赞土斯的新河，埃涅阿斯来到新西门，并拥抱了门柱。所有这些细节和其他遗漏的细节，都是人物、事物、态度、姿势、言语的意象，都是纯粹的意象，而不是历史和历史评论，既不是资料，也不被视为资料。然而，通过所有这些意象，情感得以表达，这种情感不再是诗人的，而是我们的，这是一种人类情感，即刻骨铭心的回忆，令人战栗的恐怖、伤感、思乡、怜悯之情，甚至是某种既天真又虔诚的东西，正如当徒劳地复原失去的物品时，以宗教虔诚制造小特洛亚城、仿造大佩尔加莫城，以赞土斯命名干枯小河①诸多玩具般东西时的情感。这是无法用逻辑术语表达，而诗以其方式能充分表达的东西。此外，在做最初抽象分析时，这两个要素显得是两个，但不能把它们比作两条线，它们也不相互交织，因为实际上情感已经全部转化为意象，在意象整体中，就是被表现的情感，因此情感已被化解并超越。这样，不能说诗是情感，也不能说是意象，或二者总和，而是"表现情感"或"抒情直觉"，或"纯粹直觉"（并无二致），由于诗不掺杂涉及意象的实在性或非实在性的历史及批评的要素，而是从生活的理想性中把握纯粹生活命脉。当然，在诗中除这两个要素或环节及其综合外，也能发现其他东西；但其他东西不是作为外在要素彼此混杂（思索、规劝、争论、讽喻，等等），就是割断彼此联系的情感和意象本身，它们被视为素材，恢复诗被创作前的原貌。在前种情况下，它们已不是诗的要素，只是被引入或吸纳的要素；在后种情况下，它们丧失诗性，被不懂诗或不再懂诗的读者搞成非诗。他们把诗驱逐出境，时而由于他们未能置身于诗的理想境地，时而由于历史研究的合法目的或某些其他实际目的，这些目的贬损了诗性，甚至让诗沦落为文献和工具。

关于"诗"的上述观点，也适用于所有其他"艺术"，即人们通常列举的绘画、雕塑、建筑、音乐等"艺术"。只要争论涉及艺术，这种或那种精神产品的性质，就不得不遵循二难推理：它或为抒情直觉；或为任何其他东西，虽说它也令人肃然起敬，但不是艺术。若绘画是对一定事物的模仿或再现（正如有的理论所说），它就不再是艺术，而沦为机械的和实际的东西；若画家在发现及效果上勤奋创新，成为线条、光和色彩的协调

---

① 原文为拉丁文。

大师（正如其他理论所说），他们将沦为技术发明者，而不是艺术家。若音乐在于调式的类似组合，就可能落实莱布尼茨和基舍尔神父①的荒谬之事，他们对音乐一窍不通，却写出了总谱。或许令我们担忧，就像普鲁东对诗担忧，斯图亚特·穆勒②对音乐担忧那样：由于歌词和音符可能的组合耗尽，诗性和音乐性就从世界上消逝。其后，在所有其他艺术中，正如在诗中，有时掺和一些外在要素，有客体方面的，有主体方面的，③ 有的是实际存在的，有的是观察者和倾听者的低级审美判断，这一点众所周知；那些艺术的批评家嘱咐人们去除或忽视绘画、雕塑、音乐中称作"文学的"要素，同样诗的批评家嘱咐探寻"诗性"，而不要被纯文学引入歧途。诗的知音应当直接把握诗的命脉，并能够同诗做到心心相印；没有心心相印的地方，就不存在诗，尽管那里堆积不少珍贵之物，它们堪称技巧精湛、思想睿智、目的高尚、才华横溢、效果惊人。诗的门外汉因追随这些东西而误入歧途，错误并非在于他们欣赏它们，而在于他们把欣赏的东西称作诗。

---

① 基舍尔神父（padre Kircher，1602－1680），德国著名学者，耶稣会士。
② 斯图亚特·穆勒（Stuart Mill，1806－1873），英国哲学家和经济学家。
③ 原文为拉丁文。

决定艺术的东西

由于界定艺术是抒情直觉或纯粹直觉，艺术就不言自明地异于所有其他精神生产形式。现在更加清晰地说明这些差异，就会得出如下否定：

1. 艺术不是哲学，因为哲学是对存在的普遍范畴的逻辑思考，而艺术是对存在的非反射性直觉；因此，哲学超越并化解意象，而艺术则生活在意象的城郭内，就像生活在自己的王国里。有人说，艺术不能以非理性方式行事，也不能撇开逻辑性。当然，艺术既不是非理性的，也不是非逻辑性的，但艺术特有的理性及逻辑性同辩证 - 概念的理性及逻辑性截然不同，恰恰由于强调艺术的独特性与原创性，才发现了"感性逻辑"或"美学"的名称。人们并非不经常要求艺术有"逻辑性"，这种要求是在概念逻辑和美学逻辑之间玩弄文字游戏，或者用概念逻辑来象征美学逻辑。

2. 艺术不是历史，因为历史包含批判性区分，要批判地区分开实在与非实在、行动实在与希望实在；艺术同这种区分不搭界，正如前述，艺术活在纯粹意象中。赫勒努斯、安德罗玛卡、埃涅阿斯的历史存在，同维吉尔史诗中的诗性截然不同。这里，有人也提出异议：艺术不能外在于历史标准，艺术应遵循"似真"规律；然而，即使在这里，"似真"也只是为了说明意象之间连贯性的欠恰当的比喻。意象之间若没有内在连贯性，它们就会丧失魅力。正如贺拉斯①诗句中的"森林中的海豚，海洋里的野猪"② 也丧失它们的力量，除非通过怪异的想象达到嘲讽的目的。

3. 艺术不是自然科学，因为自然科学是业已分类并抽象化的历史实在；艺术也不是数学科学，因为数学通过抽象运行，而不是凝视欣赏。有时，人们将数学家的创造同诗人的创造等量齐观，这完全基于外在的及一

---

① 贺拉斯（Orazio，公元前 65 - 前 8），古罗马著名诗人。
② 原文为拉丁文。

般的类比；还有一种比喻，说艺术深处蕴含着数学或几何学并起作用，从而不自觉地用数学或几何学来象征诗魂的凝聚、统一的创造力，然而正是这种诗魂建构自己意象主体。

4. 艺术不是想象的游戏，因为想象游戏是在形形色色需要驱动下，即在休息、娱乐、留恋赏心悦目之事或亲切、伤感之情的表象的驱动下，实现从意象向意象的过渡。然而，在艺术中想象要受将激动不已情感转化为清晰明朗直觉这一唯一问题的制约。人们不止一次地感到，不应当把艺术称作"想象"，而应把它称作"幻想"、诗的幻想或创造性幻想。想象本身外在于诗，正如拉德克利夫①或大仲马的作品不属于诗一样。

5. 艺术不是直接情感，当安德罗玛卡看见埃涅阿斯时，她惊恐万分，呆若木鸡，身体摇晃，昏厥过去，过了很久，才勉强说话，② 她在说话时，长时间号啕大哭；③ 但诗人并未神志昏迷，表情也未呆若木鸡，身体也未摇晃，也没有难以启口，没有长时间号啕大哭，而是用和谐诗句表达自己情感，把上述打动人心情感变为自己歌吟的对象。正如人们通常所说，那些情感确实直接地表达出来，因为若没有表达出来，若同时不是可感受的和人体的情感（正如实证主义者和新批判主义者称它们为心理-物理现象），就不可能是具体的情感，也就是说什么都不是；安德罗玛卡是以上述方式表达情感。然而，这种"表现"，虽说伴有意识，但仍然降至简单比喻，若将它同"精神表现"或"审美表现"视同一律的话。"精神的或审美的表现"是对情感唯一真正的表达，既为情感提供理论形式，又把情感转化为语言、歌和形象。人们给予艺术"情感解放者"及"平静者"（净化）的能力，恰恰在于表现的情感或诗同那种激动不已或备受折磨的情感相比的这种差异性；从而美学谴责那些艺术作品或其中那些部分直接地并毫无节制地倾诉情感。另一特性也源于该差异（该特性和前者一样，也是诗的表现的同义词），即诗的表现的"无限性"，同直接情感及激情的"有限性"相对立，这种特性也被称作诗的"普遍性"或"世界性"。实际上，若情感没有活在痛苦中而是活在表现中，就会发现它在整个心灵领域广泛扩散，而这个心灵领域就是世界领域，还伴有无限的共鸣：欢乐与忧虑，愉快与痛苦，约束与松弛，严肃与轻盈，诸如此类，不一而足，在

---

① 拉德克利夫（A. Radcliffe, 1764－1823），英国最具代表性的哥特小说女作家。

② 原文为拉丁文。

③ 原文为拉丁文。

此领域它们紧密相连，并彼此渗透，还存在有序的细微差别。这样，每种情感虽说保留其个体面貌和原初主导动因，但不局限于自身并且不会自消自灭。一个滑稽的意象，若从诗的视角看是滑稽的，则自身包含某种非滑稽的东西。正如人们在堂吉诃德和福斯塔夫①处观察到：一个恐怖事物的意象，在诗中永远不会缺乏某种崇高、善良和爱的慰藉。

6. 艺术不是说教和演说，也就是说，艺术超越实际目的，它不受实际目的的制约和限制，而不管实际目的是什么。比如将某种哲学的、历史的或科学的真理灌输到人们心灵中，或者让人们心灵产生某种独特感受，进而采取与之一致的行动。总而言之，演说把表现的"无限性"和独立性去除，让表现沦为实现某一目的的手段，并让它在该目的中解体。艺术的特性，即（被席勒称作的）"不确定性"就源于此，它同演说的"确定性"或"鼓动性"相对立。此外，由于这一点，对"政治诗"持怀疑态度就有充分理由了（政治诗，即烂诗）。不言而喻，此时它沦为"政治"，并未达到从容不迫、富于人性的诗的高度。

7. 艺术，正如不能同说教及演说，即似乎最接近它的实际活动形式相提并论，同样更有理由不能同任何其他实际活动混为一谈，那些活动旨在产生某种快乐、享受、舒适的效果，或许还产生德勇双馨、古道热肠的效果。从艺术中不仅要驱逐那些淫秽作品，而且也要驱逐那些劝人向善的作品；虽说这两类作品不同，但都是非审美作品，因此都受到诗的爱好者的摒弃。若福楼拜告诫人们，淫秽之书无真理，② 伏尔泰也嘲笑某些"神圣的诗"，③（他说）它们真正"神圣，因为无人触及"。④

---

① 福斯塔夫是莎士比亚戏剧中的人物，既阴险、狡诈，又胆小如鼠。
② 原文为法文。
③ 原文为法文。
④ 原文为法文。

艺术及其各种关系

我们业已清晰地表述的这些"否定",从另一方面看,很容易理解为"各种关系",因为不能设想精神活动的各种不同形式彼此分离,并且每种形式孤立地活动,并只从自身汲取养分。本文不适宜描述精神形式或范畴的完整体系以及其序列及辩证关系,而仅限于论述艺术,我们说艺术范畴,正如其他任何范畴,一次次地以其他所有范畴作为前提,从而被其他所有范畴制约,与此同时,它也制约其他所有范畴。若预先没有一种激动不已的精神状态,怎能产生那种审美综合——诗?你刺伤我,才有痛感,①这顺理成章。这种精神状态,即我们所说的情感,若不是全部精神又能是什么?它思索过、渴望过、行动过,现在仍在思索、渴望、痛苦和欢乐,仍在自身受折磨。诗就像阳光,它照亮黑暗,用其光辉覆盖黑暗,让天下万物隐秘的面貌明晰起来。因此,它不是空虚头脑和愚钝头脑的作品;可见,艺术家糟糕地公开宣扬纯艺术和为艺术而艺术,必将把自我封闭起来,与生活激情及思想忧患相隔绝,从而表明他们完全没有创造力,至多只会模仿他人或炮制支离破碎的印象主义。由此可见,一切诗的基础都是人的品格,并且由于人的品格在道德上得以实现,因此任何诗的基础都是道德意识。不言而喻,这并不是说,艺术家应当成为深刻的思想家和敏锐的批评家,也不是说,艺术家应当成为道德模范和英雄人物。然而,艺术家应当积极投身于思想与行动的世界,正是通过直接的切身体验,或通过对他人的恻隐之心,让他能够栩栩如生地表现丰富多彩的人间戏剧。艺术家可能犯错,玷污自己心灵的纯洁,但他是作为实践者而犯错的;然而,他应当以这种或那种形式深切地感受纯与不纯、正直与罪戾、善与恶。艺术家可能不具有实践的大无畏精神,甚至表现出慌乱和胆怯;但他应当感

---

① 原文为拉丁文。

受到大无畏精神的崇高：许多艺术灵感不是由艺术家作为实践者的所作所为引起的，却由与其相反的行为举止，由他看见并渴望追求并感到应效法、钦佩的行为举止所引起。许多英雄史诗和战歌，或许是最美的诗篇，但并非出自擅长舞枪弄棒的武士之手。另一方面，这并不是说，只要具有道德品格就足以成为诗人或艺术家，好人①也不足以成为演说家，若他不拥有好口才②的话。对于诗而言，需要的是诗，上文界定的那种理论综合形式，即诗的天才，没有这种诗的天才，其余一切都是未曾点燃的干柴，因为没有办法点燃它们。然而，纯粹诗人、纯粹艺术家、纯粹美的培育者的形象，若缺乏人性，就会使其形象黯然失色，而沦为漫画式人物。还有，诗不仅以人类其他精神活动形式为前提，而且也是人类其他精神活动形式的前提，也就是说，诗不仅被人类其他精神活动形式所制约，而且反过来它也制约人类其他精神活动形式。从这点可以表明，没有诗的幻想（它赋予情感阵痛以静观形式，赋予暧昧不明的印象以直觉表现，从而形成表象－语言，述说的、歌唱的、绘画的或其他形态的语言），就不会产生逻辑思维，逻辑思维不是语言，但从来不能没有语言，并且使用诗创造的语言；③ 逻辑思维凭借概念，识别出诗的各种表象，也就是驾驭这些表象。若上述诗的未来表象事先没有产生，则不可能驾驭这些表象。顺理成章的是，没有辨识并批评的思维，就不可能有行为，而由于有行为，才会有好行为、道德意识及责任感。尽管一个人显得具有逻辑性、批判性和科学性，或全身心地投入实践，或全心全意地履行职责，但在心灵深处总珍藏其幻想和诗的珍宝。即使极富学究气的瓦格纳，④ 俯首听命的⑤浮士德，都坦陈常常拥有自己的"忧郁时光"。⑥ 若一个人无论如何完全缺少那些珍宝，就不可能称其为人，因此也不是会思维能行动的人；由于这种假设过于荒谬，因此，只能根据珍宝缺乏的程度，判断思想中的肤浅和贫乏，行为中的某种冷漠态度。

---

①　原文为拉丁文。

②　原文为拉丁文。

③　参见克罗齐的《美学的理论》（中国人民大学出版社 2014 年版）第 21 页："诗是情感的语言，散文是理智的语言；但由于理智在其具体性与实在性上也是情感，因此所有散文都有诗的层面"；"没有散文，诗可存在；但没有诗，散文却不可存在"；"诗是'人类的母语'，原始人'天生是卓越诗人'"。

④　瓦格纳，歌德的著名悲剧《浮士德》中的人物，是浮士德教学上的助手。他代表政治上的迂腐倾向，或象征德国小市民的鄙陋性。

⑤　原文为拉丁文。

⑥　原文为德文。

艺术科学或美学及其哲学特性

我们在上文陈述的艺术概念，从某种意义上看，是普通的概念。该概念在关于艺术的所有看法中闪耀光辉，无论是明言还是默许，人们不断地引用该概念，它仿佛一个中心，所有涉及此方面的讨论都围绕它展开。不仅在我们时代，而且在所有时代，通过收集并解释作家、诗人、艺术家、世俗人士甚至平民百姓的说法就可证实这一点。然而，应当丢掉那种幻想，即幻想该概念作为先天性是与生俱来的理念，并且应当用该概念作为先天性①起作用的这一真理代替那种幻想。其实，这种先天性②从未自己存在，而仅存在于它生产的各个产品中；正如艺术、诗和美的先天性，③ 并非作为理念存在于某种天外的、可感知和欣赏的空间中，而仅存在于由它塑造的诗、艺术、美的无限作品中。于是，艺术的逻辑先天性④不存在于其他地方，只存在于它⑤形成的特殊判断，它进行的批驳中，它所做的证明中，它所建构的理论中，它所解决的各个问题和各类问题中。上文陈述的定义、区分、否定和关系，都有各自的历史，都是历经数百年逐渐形成的，我们把它们作为一种多样的、艰难的、缓慢的劳动成果来把握。由此可见，美学是艺术的科学，不似某些经院哲学观念想象的那样，它能够一劳永逸地界定艺术，能够铺开各种概念交织的帆布以覆盖整个美学大地。然而，美学只是连续不断地整理和革新不同时代提出的问题，它引起对艺术的反思，并且同解决困难、批判错误完全吻合，正是那些错误为促进思想不断进步提供素材。由此可见，所有美学的陈述，更不用提概述，正如

---

① 原文为拉丁文。
② 原文为拉丁文。
③ 原文为拉丁文。
④ 原文为拉丁文。
⑤ 指艺术的逻辑先天性。

本书所做那样，绝不奢望研究并穷尽美学历史进程中已提出并正提出的无限问题；而只能追忆并研究其中某些问题，尤其要追忆并研究在普通文化中持续存在的那些问题。不言而喻，是"等等"问题，从而提请读者根据为他们提供的标准继续深入研究，无论是再现过去的争论，还是等待我们时代的或多或少的新争论，可以说这些新争论每时每刻都在变化和增加，并且具有新的角度。另一忠告不容忽视：虽说美学是一种特殊的哲学学说，因为它把一种特殊并截然不同的精神范畴作为自己的原则；但由于它是哲学的，所以永远不能脱离哲学主干，由于其问题涉及艺术与其他精神形式之间的关系，则又是一种差异与同一的关系。其实，美学完完全全是哲学，虽然它在艺术方面放射出更加耀眼的光芒。以往多次要求、设想或渴望一种自为的美学：脱离任何一般哲学观念，却同某些或全部一般哲学观念相容。然而，这样做是行不通的，因为自相矛盾。甚至连宣扬自然主义、归纳、物理、生理或心理（总而言之，非哲学）的美学的人们，当从纲领转向行动时，也偷偷摸摸地引入一种实证主义、自然主义、唯物主义的一般哲学观念。而认为实证主义、自然主义、唯物主义的哲学观念虚假、过时的人们，毫不迟疑地批驳以上述观念为基础并在其促使下建构的美学学说或伪美学学说，他们不认为那些问题悬而未决，并值得讨论它们，或者应当继续讨论在讨论中产生的问题。譬如，伴随心理联想主义（即取代先天综合的机械主义）的失利，不仅逻辑联想主义失利，而且将"内容"和"形式"或"两种表现"相结合的审美联想主义也失利。因为审美联想主义（同那位既崇高又愉快①的康帕内拉所说的内心触动②相反）是一种接触。③ 由此可见，在这种接触中，业已分离④的两项立即彼此结合。伴随对逻辑及伦理价值的生物学及进化论解释的失利，对审美价值的类似解释也失利了。由于经验主义方法显现不能理解实在（该方法只能对实在进行分门别类），因此想要通过汇集分门别类的审美事实并从中归纳出其规律，从而建构美学的任何奢望都落空了。

---

① 原文为拉丁文。
② 原文为拉丁文。
③ 原文为拉丁文。
④ 原文为拉丁文。

直觉和表现

上文介绍的几个问题之一，因艺术作品被界定为"抒情意象"，就涉及"直觉"与"表现"之间的关系，就关乎从直觉向表现过渡的方式。从其实质看，这也是在哲学其他部分介绍的同一个问题，诸如内与外、精神与物质、灵魂与肉体的关系问题；在实践哲学中，是意图与意志、意志与行动及诸如此类的关系问题。但如此使用这些术语，问题将得不到解决，因为内同外、精神同肉体、意志同行动、直觉同表现相分离，就不能使两项中一项向另一项过渡，或者不能使两项重新结合，除非这种重新结合以第三项显现，而这第三项被不止一次地说成是上帝或不可知物：二元论必然导致超验性或不可知论。然而，当问题以这些术语如此提出就得不到解决时，那么就只能批判术语本身，并且探究它们如何产生，它们的产生在逻辑上是否合理。在此种情况下，这种探究就会得出结论：它们不是根据某个哲学原则产生的，而是经验主义和自然主义分类的结果，这种分类形成三种——内在事实和外在事实（似乎内在事实不同时也是外在事实，并且外在事实没有内在性也能存在）、灵魂和肉体、意象和表现。众所周知，试图把并非在哲学上和形式上区分、只是以经验主义的和物质的视角区分的东西，在更高综合中结合起来，注定将徒劳无益。灵魂之所以为灵魂，由于它也是肉体；意志之所以为意志，由于它能驱使四肢活动，即也是行动；直觉之所以为直觉，由于在同一行动中也是表现。一个没有表现的意象，就不是言语、歌曲、图样、绘画、雕刻、建筑，甚至不是喃喃自语，也不是自己胸中吟唱，还不是在想象中看见并让整个灵魂及机体美好的图样及色彩：这种意象并不存在。可以说它存在，但不能确认它存在，因为确认需要唯一证据：那个意象业已实体化并表现。此外，直觉和表现同一的这一深刻哲学命题，在普通良知中也存在：那些自称有思想却不会表达出来的人往往被讥笑，那些自称已构思伟大绘画却不能描画出来的人常常被嘲讽。连遭打击，事物依旧：① 如果没有打击，② 也就没有事物。③ 对精神的所有领域，这种同一性都应当肯定，但在艺术领域中，它或许具有其他领域缺乏的清晰性和突出性。在诗歌创作中，仿佛身陷创造世界的神秘状态之中；因此，美学科学通过整一观念影响整个哲学。美学否定艺术生活中的抽象唯灵论，也否定由此产生的二元论，因为二元论以唯心论或绝对唯灵论为前提，与此同时，又提出唯心论或绝对唯灵论。

---

① 原文为拉丁文。
② 原文为拉丁文。
③ 原文为拉丁文。

表现和交流

反对直觉和表现同一的异议，通常源于人们心理上的幻想，从而认为在每一瞬间都拥有大量具体并鲜活的意象，其实仅拥有一些符号和名称；或许这种异议源于对某些情况的糟糕分析，比如艺术家的情况，人们认为艺术家只是支离破碎地表现意象世界，而该世界在艺术家心灵中是完整的；然而，在艺术家心灵中恰恰拥有那些支离破碎的东西，而且同那些支离破碎东西在一起的并非那个想象世界，至多是对那个世界的渴望和隐痛，也就是说，对更宽泛、更丰富的意象的渴望和隐痛，因为那个意象或许形成，或许不会形成。但是，上述异议也因表现和交流之间的转换而变得坚实，其实交流异于意象及其表现。交流涉及把直觉－表现固化在一个载体上，我们打比方说它是物质的或物理的，虽然实际上在此部分并非是物质的或物理的东西，而是精神作品。然而，因这样说明涉及被称作物质的或物理的东西的非实在性，并在精神性中消解它，这样说明对整体哲学观来说肯定具有首要意义，但对澄清美学问题来说只具有间接意义，为了简单明了，我们在这里使用比喻或象征，可以谈论物质或自然。显而易见，当诗人把诗表现为语言并在内心将它吟唱时，诗就已经完整了；进而把诗转化为高声吟诵，为了让他人倾听，或者寻找一些人把诗铭记在心，并让他们复诵诗篇，就像在音乐学校①里那样，或者把诗转化为书写和印刷符号，这样就进入一个新阶段，当然该阶段具有至关重要的社会的及文化的意义，但其性质不再是审美的，而是实践的。画家的情况也大致如此：因为画家在画板和画布上作画，但如果他在工作的每个阶段，从彩点或草稿到最后润色，其直觉的意象、其想象中画出的线条和色彩，如果不先于画家的笔触的话，画家就不可能作画。千真万确，如果画家的笔触先

---

① 原文为拉丁文。

于意象，画家在完成自己作品时，就会连续不断地涂改。当然，表现和交流之间的区分点实际上极难把握，因为事实上两个过程通常迅速地转换，并且它们仿佛相互混合；但在观念上区分点清晰可见，必须牢牢把握。如果忽视该点，或因不够重视而摇摆不定，就会把艺术和技术相提并论，技术已经不是内在于艺术的东西，而恰恰与交流概念相联系。一般说来，技术是一种应用于实践活动的知识或系列知识，仅就艺术情况而言，技术应用于一种实践活动，该活动成为记忆或交流艺术作品的载体和工具，诸如关于准备画板及画布、壁画的墙面、颜料、油漆的知识，或者关于正确发音和朗诵技巧及诸如此类的知识。技术著作不是美学著作。只要严格地思考概念，并根据概念的严格性正确地使用语言，就能清晰地认识这一点。因为，不值得为了使用词语"技术"而争吵不休；相反，如果把"技术"作为艺术工作本身的同义词使用，其含义为"内在技术"的话，则"内在技术"就是直觉－表现的形成。或者在"学科"含义上使用词语"技术"，也就是要同历史传统保持必要联系，那么无人能够摆脱这种联系，虽说无人能够简单地保持这种联系。把艺术和技术相提并论，用技术代替艺术，这是蹩脚艺术家非常渴望的办法，他们希望从实际事物中，从实际设想及发明中，获取自身求之不得的外在援助和力量。

艺术载体：特殊艺术论和自然美

因此，交流工作，即对艺术意象的保存和传播，受技术指导，产生物质载体，也就是人们打比方说的"艺术品"和"艺术作品"：绘画、雕塑、建筑；也有更复杂的，文学和音乐作品；在当今，还有留声机和唱片，它们能够复制声音和音响。然而，这些声音及音响、绘画、雕塑及建筑的符号，都不是艺术作品，艺术作品只存在于创造或再创造它们的艺术家心灵中。如果去除美的事物这一真理的荒谬外观，就会让人及时想起经济科学的类似情况。经济科学清晰地知道，在经济中不存在有用的自然物和物理物，而只存在需要和劳动，物理物从这种需要和劳动中获得用于比喻的形容词。谁若想在经济上从事物的物理性质中推断出经济价值，就会犯下重大的无知错误。[1]

然而，这种无知错误[2]已经犯下，在美学中还算走运，由于特殊艺术及局限的学说，也就是每种艺术具有自己美学特征的学说。艺术分成若干部分，纯粹属于技术的或物理的问题，也就是说，艺术品以音响、声调、色彩、雕塑、建筑等形态存在，但在自然载体中似乎找不到对应的东西（诗、音乐、绘画、雕塑、建筑等）。如果提问：这些艺术的每一种的艺术特性是什么？每一种艺术能是什么或不能是什么？哪种意象用音响表现，哪种意象用声调表现，哪种意象用色彩表现，哪种意象用线条表现？诸如此类，不一而足。这就如同在经济上提问：哪些物品因其物理性质应当接受某种价格？哪些物品不能接受这种价格？一些物品同另一些物品相比，应当接受这种价格。显然，物理性质同这些问题无关，每件物品都能被重视并要求，并能接受比其他物品或所有其他物品更高的价格，这就要根据

---

① 原文为拉丁文。
② 原文为拉丁文。

情况和需要而定。若不慎让脚踏上这个滑坡而跌倒，就连莱辛①也会得出十分奇怪的结论，他竟然宣称"行动"属于诗歌，"形体"属于雕塑；甚至瓦格纳②也会殚精竭虑地创作一种复杂艺术——乐剧，让乐剧本身凝聚所有个别艺术的魅力。凡是具有艺术感的人，都会从诗人的一个诗句、一个小小诗句中，不仅发现音乐性和画境，还能发现雕塑力度及建筑结构。同样，从一幅绘画（从来不是可视之物，而永为心灵之物）中，也能发现上述东西，因为在心灵中，不仅有色彩，还有音响和话语，甚至有寂静，由于寂静是一种独特的音响和话语。然而，如果人们尝试分别把握那种音乐性和画境，则会把握不住其他东西，某个东西转化为另一个东西，在一个统一体中熔为一炉，无论人们通常如何分别称呼它们。也就是说，人们体验到：艺术是整一的，不能划分为各种艺术。艺术是整一的，同时又是变化无穷的；但变化无穷不是根据各种艺术的技术概念，而是根据艺术家的变化无穷的个性及其精神状态。

　　应当把自然美问题回归艺术创造和交流工具或"艺术载体"的这种关系及转换。我们姑且不提如下问题（虽然在某些美学论著中提出）：除人之外，其他东西是否具有诗意和艺术气质。这一问题应当得到肯定回答，不仅应向放声歌唱的百鸟表示敬意，而且主要由于唯心主义世界观所致，认为万物皆有生命和灵魂。提出上述问题如同在民间神话中，我们遗失了那棵神草：若把那棵神草含在口中，我们就能听懂动物和植物的语言。千真万确，我们把"自然美"都指派给人、物、地，正是由于它们对心灵的作用，才能向诗歌、绘画、雕塑及其他艺术靠拢；承认这种"自然艺术品"并非难事，因为，正如诗的交流过程，凭借人工制造的载体实现，同样可以凭借自然提供的载体实现。恋爱中男子的想象力创造出心中的美女，并把她体现在西施身上；朝圣者的想象力创造出迷人风景和人间仙境，并把它体现为一湖碧水或一座青山。这种诗意创造有时在或多或少广泛的社会群体中传播，这就是女性"职业美"的起源，这种美受到所有人的欣赏；也是著名"景观"的起源，眼前的景致令大家或多或少真切地欣喜若狂。千真万确，这种想象的形态短暂易逝，有时一经嘲笑就销声匿迹，一旦满意就化为乌有，对时尚的恣意追求也会将它们取代。这种想象的形态同艺术作品截然不同，对它们不能作出真正有根有据的解释。那不

---

① 莱辛（G. E. Lassing, 1729－1781），德国启蒙运动时期的剧作家、戏剧评论家和美学家。
② 瓦格纳（R. Wagner, 1813－1883），德国作曲家、音乐戏剧家。

勒斯海湾，从沃梅罗最美的别墅俯视就很美，却被买下这座别墅的俄国贵妇称作"蓝色脸盆"，① 因为她年复一年目不转睛地观望，感觉那镶着绿边的蔚蓝海面令人生厌，以致她不得不把别墅出售。此外，"蓝色脸盆"② 也是一种诗意创造，对此无可争议。

---

① 原文为法文。
② 原文为法文。

文艺种类和审美范畴

在文艺批评和文艺史学中，文艺分类论曾造成更严重、更可悲的后果，这一理论同特殊文艺论来源不同却颇为相似。正如前述理论，这一理论以分类为基础，仅就分类本身而言，是合法的和有益的。这种分类，即对艺术品按技术性质或物理性质归类；这种对艺术品的分类，是根据其内容或情感动因，划分为悲剧、喜剧、抒情、雄伟、爱情、牧歌、浪漫等作品。当出版一位诗人的作品时，将抒情诗汇编成第一卷，戏剧汇编成第二卷，长诗汇编成第三卷，小说汇编成第四卷，这在实践上非常有益。使用这些名称称呼作品及作品集很便利，甚至不可或缺，因为可以谈论和写出它们。然而，这里应当指出，从这些分类概念推导出创作的美学规律和判断的美学标准是错误的，必须加以否定。正如人们通常想要确定：悲剧应当具有这样或那样的主题，应当拥有这样或那样品行的角色，应当具有这样或那样的行为举止，应当具有这样或那样的剧情发展。面对一部作品，不是探寻并判断该作品的内在诗意，而是提出问题：它是悲剧还是叙事诗，它遵循这个"种类"还是那个"种类"的"规律"？19 世纪文学批评的巨大进步，正是体现在很大程度上摒弃种类标准，文艺复兴文学批评和法国古典主义文学批评几乎始终受到种类标准的束缚，正如围绕但丁的《神曲》、阿里奥斯托和塔索的叙事诗、瓜里尼①的《忠诚的牧羊人》、高乃依②的《熙德》、维加③的戏剧展开的争论所证明那样。虽然这些艺术家现已从偏见中解放，却没有从中获得相应好处，因为不管在理论上否定还是承认他们具有艺术天赋，但事实上他们仍然受到所有奴役的束缚，他们

---

① 瓜里尼（B. Guarini, 1538－1612），意大利诗人和文学家。
② 高乃依（P. Corneille, 1606－1684），法国古典主义戏剧大师。
③ 维加（Lope de Vega, 1562－1635），西班牙"黄金世纪"新戏剧的奠基人。

甚至把锁链变成屈从强力的工具；那些缺乏或没有艺术天赋的人们，则把自由本身转化为新的奴役。

人们曾经觉得，有待拯救文艺分类，应当赋予文艺作品分类以哲学价值，至少一类作品应当如此，即"抒情诗"、"史诗"和"悲剧"，把此类作品解释成客体化过程的三个环节：从抒情诗——自我情感宣泄，到史诗——脱离自我叙述所闻，从史诗再到悲剧——让自我塑造自己的代言人，即剧中人。① 然而，抒情诗不是宣泄，不是呐喊和痛哭，相反，它就是客体化自身，凭借这种客体化，自我在场景中发现自己，自己叙述，自己渲染。这种抒情精神构成史诗和悲剧的诗意。由此可见，史诗和悲剧同抒情诗别无二致，除非是在外在方面。一部洋溢着诗意的作品，比如《麦克白》或《安东尼与克莉奥佩特拉》，② 从其实质看就是一首抒情诗，由于其角色和场景表现不同的音韵和连续的诗节。

在旧美学中，在今天仍延续其类型的美学中，大部分内容论及所谓美的种类：崇高美、悲剧美、喜剧美、优雅美、幽默美，诸如此类，不一而足。对于这些美的种类，哲学家，尤其是德国哲学家，不仅竭力按哲学概念对待（而它们又是简单的心理学的及经验主义的概念），而且应用辩证法加以展开，这种辩证法只属于纯粹的或思辨的概念，也就是属于哲学范畴，从而他们能够在一系列幻想过程中排列这些概念以消磨时光，时而美达到顶点，时而悲达到顶点，时而幽默达到顶点。

如果按上述方式理解这些概念，那就应当指出，它们本质上同文艺分类概念相一致。实际上，从文艺分类概念，主要从"文学基本原理"回归于哲学。作为心理学的及经验主义的概念，它们并不属于美学，从整体上看，它们只是确定所有情感（根据经验进行区分和归类），而所有情感都是艺术直觉的永恒素材。

---

① 原文为拉丁文。
② 分别为莎士比亚的悲剧和历史剧。

修辞、语法和语言哲学

一切错误都有一个真正的动因，是由随意组合自身合法的事物造成的；通过研究其他错误学说就可证实这一点。过去，这种错误学说占据很大地盘；今天，仍然占据一个地盘，虽说更为狭小。为了讲授写作，使用朴实无华风格、形象化、隐喻及其形式等手法，并告诫在何处适宜使用比喻，在何处不适宜一以贯之地使用比喻或比喻显得累赘，在何处适宜使用一种"隐喻法"形象，或"夸张"或"反讽"。然而，当意识不到这种区分的教学及实用的根源，并运用哲学思维将形式理论化时，比如区分为"朴实无华"形式和"修饰"形式、"逻辑"形式和"情感"形式，诸如此类，不一而足，就会把修辞学引入美学，从而败坏表现的真正概念。表现从未是逻辑的，而永远是情感的，即是抒情的或想象的，故永远是隐喻的，但隐喻不能独自分离，故永远是表现所固有的。[①] 表现从未是有待遮掩的光秃东西，也不是有待剔除外在"装饰"的东西，它自身永放光芒，即质朴的雅致。[②] 即使逻辑思想，即使科学，由于是自我表现，因此也表达情感并进行想象。这正是一部哲学、史学、科学的著作不仅真实而且美的原因所在。无论如何，这类书籍不仅根据逻辑来判断，而且根据美学来判断。人们有时说，从理论、批评和历史真理角度看，一本书是错误的，但从使它栩栩如生的情感及其所表达的情感看，它却具有艺术作品的品质。至于区分为逻辑形式和隐喻形式、辩证法和修辞学的深层真正动因，在于需要在逻辑学之旁建构一门美学。然而，在表现领域区分两种科学将

[①] 参见克罗齐的《美学的理论》（中国人民大学出版社 2014 年版）第 29 页："若设想象征和艺术直觉密不可分时，象征就成为艺术直觉的同义词，艺术直觉总具有理想性"；"在艺术中一切都是象征的，因为一切都是理想的。若设想象征可独自分离，若一方面可表现象征，另一方面可表现被象征的东西，则重犯理智主义的错误"。

[②] 原文为拉丁文。

徒劳无获，因为表现只属于两种科学中的一种——美学。

对于同样合理的需要来说，在教学的另一部分，即讲授语言中，我们沿用古法，把表现划分为复合句、单句和单词；单词又划分为不同词类；在每种词类中，根据其变化、词根及后缀、音节及音素或字母对各个单词进行分析，从而产生字母表、语法和词汇。对于诗歌来说，则有韵律艺术；对于音乐和造型及建筑艺术来说，则有音乐语法和建筑语法，诸如此类，不一而足。然而，古人也未能避免犯错，在这方面完成不适当过渡：从理智到事物，① 从抽象到实在，从经验到哲学，正如我们在其他情况下观察到那样。因此，人们把说话设想为语汇的聚集。语汇则是音节或词根与后缀的聚集。然而，开头②恰恰是说话在继续，③ 正如一个有机体，语汇、音节、词根是随后的，④ 是解剖的切片，是抽象理智的产物，而绝不是原初、实在的东西。把语法像修辞学一样引入美学，就会把表现同表现的"手段"分成两半，其后又把它们合为一体，因为表现的手段就是表现本身，是被语法学家所粉碎的表现。这种错误，同另一种分为"朴实"形式和"修饰"形式的错误相一致，都遮挡人们的视线，从而看不出语言哲学不是哲学语法，而是超越任何语法的东西，它并非把语法类别变为哲学类别，而是对它们置之不理；每当遇到它们时，就加以摧毁。总而言之，语言哲学同诗及艺术哲学、同直觉－表现科学、同美学融为一体，美学把全部语言拥抱于怀，也包括语音和音节构成的语言，在完好、实在的美学中，语言就是栩栩如生及意义充分的表现。

---

① 原文为拉丁文。
② 原文为拉丁文。
③ 原文为拉丁文。
④ 原文为拉丁文。

古典性和浪漫主义

我们回顾的问题，与其说属于过去，不如说属于 19 世纪，因为现在对它们所持的虚假立场和错误的解决办法，几乎仅留下一些令人厌烦的习惯，这些习惯主要保留在教科书中，并非保留在普通意识和普通文化中。然而，必须高度警惕，及时砍断和去除老树干上不断生出的枝条，正如在我们时代，风格理论被应用于艺术史（沃尔夫林①和其他人），进而扩展到诗歌史（施特里希及其他人），也就是抽象修辞学重新入侵艺术作品及艺术作品历史的领域。但是，美学应当驾驭的当代主要问题，是同浪漫主义时期产生的艺术及艺术判断的危机有关的问题。并非在以往时代不曾指出这一危机的某些先例及类似情况，比如古希腊艺术和古罗马最后几世纪的文学、继文艺复兴时期之后近代的巴罗克艺术及诗歌。然而，在浪漫主义时代，危机因有其独特动因及面貌，就显得特别壮观，它使得单纯诗歌同抒情诗歌相对立，它使得古典艺术同浪漫主义艺术相对立，并凭借着这些概念，把唯一艺术划分为内在截然不同的两种艺术，它拥护并支持后一种艺术，似乎后一种艺术才符合近代潮流，要求艺术拥有情感、激情及想象的首要权利。一方面，这是对法国理性主义及古典主义文学的正当反动，由于后者时而嘲讽，时而轻浮，缺乏情感和幻想，失去浓厚诗意。然而，另一方面，浪漫主义不是反对古典主义，而是反对古典性本身的造反行为，它反对清朗的观念和艺术想象的无限性，它反对净化却拥护污浊、任性并抗拒净化的激情。歌德对此认识深刻，因为他是一位激情满怀又心如止水的诗人，正因如此，他是一位古典诗人。他曾宣称反对浪漫主义诗歌，认为那都是些"病态诗歌"。但不久之后，他又认为病程业已终结，

---

① 沃尔夫林（H. Wolfflin, 1864 - 1945），瑞士美学家。他是他那个时代的最重要的艺术史学家，其著作均用德语写成。

浪漫主义已被超越；但仅仅是其一定内容及形式，而非其灵魂已成过去，该灵魂依然整体存在于艺术对激情及印象的直接表现的不平衡中。由此可见，浪漫主义只改变了名称，却仍继续存在并起作用：它被称作"现实主义""真实主义""象征主义""艺术风格""印象主义""感觉主义""意象主义""颓废主义""未来主义"。在这些学说中，艺术概念本身也被动摇，因为它们倾向于用这种或那种非艺术概念取代艺术概念；而且反对艺术的斗争被该学派中的极端派别的态度所证实，该极端派别厌恶博物馆、图书馆及过去全部艺术，也就是厌恶同历史上形成的艺术相一致的艺术观念。就现今方式看，该运动同工业主义及其赞成并促进的心理学的联系相当明显。艺术的另一面是实际生活，是按现代方式生活；艺术不愿成为该生活在无限及普遍静观中的表现，因此超越该生活，甚至成为该生活的声嘶力竭、装腔作势、灯红酒绿的部分。从另一方面看，毋庸置疑，今天真正的诗人和艺术家（他们在每个时代都寥若晨星）一如既往，继续按古老、唯一的艺术观念创作，也就是继续运用和谐形式表现他们的感受，而艺术的内行（比我们想象的更稀少）继续根据那种观念进行判断。然而，这一切并未否定：摧毁这一艺术观念的倾向成为我们时代的一个特征；也未否定：这种倾向源自虚假震撼，[①] 这种虚假震撼把精神的或审美的表现同自然的或实际的表现混为一谈，把感觉混乱及感觉迸发所表达的东西同艺术创造（建筑、绘画、雕塑）的东西混为一谈，即同艺术创造的美混为一谈。美学的现实问题是恢复和捍卫古典性、反对浪漫主义，是恢复和捍卫理论与形式的综合环节，这恰恰是反对情感环节的艺术环节，艺术理应在自身消解情感环节，但今天情感环节却要造艺术的反，妄图篡夺艺术的位置。毫无疑问，地狱之门未占优势，[②] 它不能抗拒创造精神无穷无尽的伟力；然而，它为获取这种优势而拼命挣扎，目前，它扰乱艺术判断、艺术生活；进而，它也扰乱智力的和道德的生活。

---

① 原文为拉丁文。
② 原文为拉丁文。

批评和文学艺术史

在美学论著中发现的另一组问题，虽说它们适当地结合起来，但内在地看，却分别属于逻辑学和史学理论。这组问题关系到审美判断和诗歌及艺术的历史。美学由于证明审美活动或艺术是精神的一种形式，因而也是一种价值、一种范畴，或人们乐于称呼的其他名称，却不是（如不同学派"理论家"所设想那样）一种涉及某些类别功利的或混合的事实的经验主义概念。美学通过确定审美价值的自主性，从而自身证明并确定：美学是一种特殊判断，即审美判断，它也是历史题材，一种特殊历史，即诗歌及艺术历史、文学艺术史学。

围绕审美判断和文学艺术史讨论的各个问题，虽说关乎艺术自身特性，本质上却是在史学所有领域内遇到的相同方法论问题。人们曾提问：审美判断是绝对的还是相对的？任何历史判断（肯定审美事实的实在性及特性的审美判断也是如此）永远是绝对的，同时又是相对的：之所以绝对，因为历史判断据以建构的范畴具有普遍真实性；之所以相对，因为被该范畴建构的对象受历史条件制约，从而在历史判断中，范畴个体化，个体绝对化。在过去否定审美判断绝对性的人们（感觉主义、快乐主义、功利主义的美学家），实际上否定艺术的特性和实在性、艺术的自主性。人们曾提问：对各个时代的认识，即对某一时刻全部历史的认识，是否为审美判断所不可或缺？当然不可或缺，因为正如我们所知，诗歌创造完全以另一种精神为前提，它把这种精神转化为抒情意象，而单个审美创造以一定历史时刻其他所有创造（激情、情感、习俗等）为前提。从中可以看出，那些意见相左的人们同样犯错：一些人（历史主义者）主张对艺术作纯粹历史判断，另一些人（唯美主义者）主张对艺术作纯粹审美判断。因为前者想在艺术中发现所有其他历史（社会条件、作者生平等），而不是同所有其他历史在一起并超越所有其他历史的艺术自身历史；而后者想要脱离历史对艺术作品进行判断，也就是让艺术作品丧失其真实性，赋予其幻想性，或者同随意的模式相比较。最终，就显现出对理解过去艺术的可能性的怀疑态度。在此种情况下，这种怀疑态度必然扩展到历史的其他部分（思想史、政治史、宗教史、道德史），该态度达到荒谬绝伦程度从而自相矛盾，因为人们所说的现代的或现在的艺术及历史也是"过去的"，就像悠远时代的艺术及历史，也会变成现在的，如果心灵感悟到、智慧理解了它们的话。其次，存在一些模糊不清的艺术作品和艺术时期，这只意味着目前我们缺乏内在地再现并理解它们的条件，正如我们缺乏对诸多民族及时代的思想、习俗及行为的知识。人类作为单个个体，回忆起某些事物，忘却许多其他事物，除非他能够更新记忆，而精神进展过程能够让他做到这一点。

最后一个问题涉及文学艺术史所适合的形式，文学艺术史就其主要在浪漫主义时期形成的类型（它在今天仍占优势）而言，根据不同时代的思想及社会需求阐述艺术作品史，把这些作品视为不同时代思想及社会需求的审美表现，与此同时，把这些作品同文明史紧密相连。这样做就导致忽视，甚至抑制艺术作品独有的个性特征，正是该特征才使它们成为艺术作品，使得它们互不相混。这样做还导致把艺术作品视为社会生活文献。千真万确，在实践上，这种方法同另一种方法协调一致，后种方法可以称作"个性化"方法，即强调每一作品的独有特征；然而，这种协调一致的方法具有形形色色折中主义弊端。为了克服这种折中主义弊端，没有其他方法，只能彻底地展开个性化历史，研究艺术作品不要与社会历史相联系，而是把每部艺术作品视为独自世界，在此世界中，在富有诗意作品的个性中，一次次地汇聚凭借幻想而改观并超越的全部历史，富有诗意的作品是创造不是反映，是丰碑不是文献。但丁不仅仅是中世纪的文献，莎士比亚也不仅仅是伊丽莎白时代的文献。至于他们所起的那种文献功能，在蹩脚诗人和非诗人那里，可以获取许多类似或更为丰富的信息。有一种异议，认为如果应用这种方法，文学艺术史就沦为一系列毫无关联的论文和专题著作；然而，显而易见，人类全部历史提供这种联系，诗歌个性是人类全部历史的一部分，甚至是引人注目的一部分（莎士比亚诗歌事件并非不如宗教改革或法国大革命事件重要）。恰恰因为诗歌个性是人类历史的一部分，因此不会在人类历史中销声匿迹，也就是不会在人类历史的其他部分中销声匿迹，而是会保持其独具一格的品质。

美学史

　　美学史，由于业已指出的哲学学科的特点，不能同全部其他哲学的历史分开，因为哲学给美学带来光明，反过来哲学也从美学那里获取光明。例如，人们从哲学中发现所谓主观主义的兴起，它源于笛卡尔的哲学思想，它促进了对精神创造力的探究，也间接地促进了对审美魅力的探究。另外，关于美学对哲学其他学科产生的作用，只需提及创造性幻想和诗歌逻辑学的进步意识曾帮助哲学逻辑学从理智主义和形式主义的桎梏下解放出来，从而让思维激情接近诗歌激情，在谢林和黑格尔的哲学中，把哲学逻辑学提升至思辨的或辩证的逻辑学。然而，如果美学史应当和全部哲学史合为一体，那么哲学史本身也应当扩展到通常保持的界限之外，在这种界限内，人们惯于把哲学史同所谓职业哲学家的系列作品及被称作"哲学体系"的学术著作混为一谈。人们发现，新的哲学思想或它们的萌芽，往往在那些非职业哲学家的著作（外在地看它们不成体系）中生机勃勃：对伦理学而言，存在于禁欲主义和宗教的著作中；对政治学而言，存在于历史学家的著作中；对美学而言，存在于艺术批评家的著作中，诸如此类，不一而足。此外，还请记住：严格地讲，美学史的主题不是给艺术下定义这个唯一问题，似乎由于艺术定义已下或将下，美学史就穷尽了。然而，围绕艺术总会产生无穷无尽的问题，在哲学问题中，那个唯一问题——界定艺术的问题特殊化和具体化了，只有这样，这个问题才能真正存在。必须铭记这些忠告，因为借助这些忠告，才能概述美学史。此种概述用以确定最初方向，从而避免冒险：僵化地并简单化地理解美学史。

　　在此种概述中适宜接受一般性忠告：美学是近代科学。因为该忠告不仅适宜阐明，而且符合历史真实。古希腊和古罗马时代未曾对艺术进行探究，或很少探究，而主要想要创造艺术教育，可以说它不是"哲学"，而是艺术的"经验式学科"。那个时代的"语法""修辞学""雄辩术""建筑""音乐""绘画"及"雕刻"的论著正是如此：它们成为后来全部教育的基础，甚至也是今日教育的基础，在今日教育中，那些论著被简单化了，并且被解释为话中有话,① 但绝没有被抛弃，因为实际上它们不可或缺。艺术哲学在古代哲学中没有发现有利条件和发展动力，因为古代哲学主要是"物理学"和"形而上学"，只是从次要及暂时角度看是"心理学"，或更确切地说，是"精神哲学"。以往有人以否定方式提及美学的哲学问题，比如柏拉图否定过诗的价值；以往也有人以肯定方式提及它们，比如亚里士多德捍卫过诗的价值，他竭力在历史和哲学之间保证诗歌占有一席之地。另一方面，普罗提诺通过思辨首先将"艺术"和"美"这两个被分离的概念结合并统一起来。古代人的其他重要思想，是把"神话"而非"理念"赋予诗歌，是在命题中将纯粹"语义"、修辞、初具诗意的表述同"真伪"或逻辑的论述相区分。最近，人们谈论起被菲洛德莫②陈述的伊壁鸠鲁学说中的希腊美学新学派，该学派似乎特别强调幻想的浪漫主义韵味。无论如何，上述思想尚未成熟，古代人对艺术事物的坚实可靠判断没有得到深化，而是形成真正的哲学学科，这是由古代哲学的客观主义或自然主义的一般特征局限导致。仅仅由于基督教将灵魂问题提升，并将它置于思维的中心，才开始克服这种局限性，或为克服这种局限性准备力量。

由此可见，基督教哲学本身既凭借占优势的超验、神秘主义及禁欲主义，又凭借从古代哲学汲取并深陷其中的经院哲学形式，使道德问题变得更尖锐，对它们的论述更微妙，从而没有感受到也未研究幻想及趣味的问题，同样也远离其他（在实践领域同幻想问题相一致的）关于激情、利益、功利、政治及经济等问题。正如政治及经济是从道德视角被理解，同样艺术也服从道德及宗教的寓意；这样，散见于古希腊和古罗马作家著作中的那些观念被人遗忘，或仅仅肤浅地被考察。文艺复兴时期的哲学家，以自然主义的方式，重提、解释并改写古代诗学和修辞学。然而，文艺复兴时期哲学，虽说为"似真""真实""模仿""理念""美"，为美和爱的神秘，为激情的"净化"或升华，为传统和新文学种类的疑难，付出不少辛劳，却没有提出真正的美学原则。当时，对于诗歌和艺术，还缺少一位像马基雅维利那样思考政治的思想家，也就是缺少一位思想家，他能够有

---

① 原文为拉丁文，言外之意要打折扣。

② 菲洛德莫（Filodemo，公元前 1 世纪），古希腊哲学家，伊壁鸠鲁学说的传播者。

力地断言并解答诗歌及艺术的独特本性及独立性，而不仅仅偶然地发表某些看法和意见。

在这方面，文艺复兴晚期的思想具有大得多的重要性，虽然历史学家长期没有关注这种重要性。在意大利这种思想被称作 17 世纪文艺风格、巴罗克主义或颓废主义文艺；因为那时人们开始坚持区分"智力"和一种称作"才华"的能力，即"天赋"① 或"天才"，也就是创造艺术的能力。与此种能力相对应的还有一种能力——判断力，它不是推理或逻辑判断，因为在判断时"没有议论"，即"没有概念"，故取名叫"趣味"。用一个词语来相助，它仿佛暗指某种不能用逻辑概念确定的东西，如同某种神秘的东西，"我不知是什么"，② "我不会言说"。在意大利人的会话中，经常使用这种表述，这让外国人很费一番脑筋。当时人们也颂扬"幻想"——令人神往的女巫，还赞颂"可感觉的"或"感人的"东西，即存在于诗歌意象中的东西，在绘画中是同"图样"对应的"色彩"奇迹，以致图样似乎被视为某种逻辑的和冷漠的东西。有时，这种原本浑浊的精神倾向得到净化，并进而提升至理论学说水平，正如祖科洛③ （1623 年）的情况，他批判诗韵学，他用"感觉的判断"代替诗韵学的标准。在他看来，感觉的判断不再是眼或耳，而是"一种同感官有关的高级潜能"。马斯卡尔迪④ （1636 年）否定根据修辞学对各种风格作客观区分，从而使风格成为源自每人独特才华的独特手法，他还断言有多少作家就有多少风格。帕拉维奇诺⑤ （1644 年）批判似真，承认诗歌的固有领域是"最初焦虑"或幻想，"既不真也不假"。泰绍罗⑥ （1654 年）尝试发展修辞逻辑，以异于辩证逻辑，他还把修辞形式从语言形式扩展至绘画的及造型的形式。

笛卡尔的新哲学，如果说在他及其首批继承者身上表现出对诗歌的敌视态度，那么从另一方面看，正如人们所说，由于它推动了对主体和精神的探究，也帮助上述分散尝试形成一个体系，并且探究能够归纳艺术的原则；在这方面，虽说意大利人接受了笛卡尔的方法，却拒绝其僵化的理智

---

① 原文为拉丁文。
② 原文为拉丁文。
③ 祖科洛 （L. Zuccolo, 1568 – 1630），意大利国家理性理论家。
④ 马斯卡尔迪 （A. Mascardi, 1590 – 1640），意大利学者，多题材作家。
⑤ 帕拉维奇诺 （P. S. Pallavicino, 1607 – 1667），意大利作家，红衣主教。
⑥ 泰绍罗 （E. Tesauro, 1592 – 1675），意大利作家，耶稣会士。

主义，摒弃他对诗歌、艺术及幻想的鄙视，通过卡洛普雷索①（1691 年）、格拉维纳②（1692 年、1708 年）、穆拉托里③（1704 年）及其他人，奉献出首批诗学著作。在这些著作中，幻想概念居主导地位或构成显要部分。这些意大利人对博德默尔④及瑞士学派影响不小，并且通过他们影响德国的批评和美学，甚至一般说来，影响欧洲的批评和美学，以致在最近几年，人们能够谈论"浪漫主义美学的意大利渊源"（罗伯逊）。

所有这些小思想家造就的大思想家是维科，他在《新科学》（1725年、1730 年）中，曾建议一种"诗的逻辑"，以便同智力逻辑区分开；他认为诗歌是先于推理及哲学的认识方式或理论形式；他认为诗的逻辑的唯一原则存在于幻想之中，幻想越是摆脱推理，其力量就越强大，因为推理是幻想的敌人及摧毁者。维科称颂未开化的荷马——所有真正诗人的先父和君王；站在荷马身旁的是半开化的但丁，虽然他受到神学的及经院哲学的文化的困扰。维科还把目光投向英国悲剧和莎士比亚，却未能看清楚，因为莎士比亚尚未向他显现庐山真面目，否则莎士比亚定会成为其第三位未开化的伟大诗人。然而，维科在美学理论上和其他理论上，都没有形成自己的学派，因为他过于超前，他的哲学思想仍被某种象征性历史所遮盖。"诗的逻辑"一往直前，当它在更有利的环境中重新显现时远不那么深奥，这要归功于相当混杂的莱布尼茨美学的整理者鲍姆加登，他（《关于诗的哲学沉思录》，1735 年；《美学》，1750 ~ 1758 年）用不同名称称呼它，其中有理性相似论、感性认识科学、低级认识论，⑤ 最后保留下的名称是"美学"。

鲍姆加登学派，无论是否区分开幻想形式和智力形式，都把幻想形式视为混乱认识，⑥ 此外幻想形式是为自身完美形式提供的。英国美学家的思辨及分析（沙夫茨伯里⑦、哈奇森⑧、休谟⑨、霍姆、杰拉德、伯克⑩、

---

① 卡洛普雷索（Calopreso，1650 - 1715），意大利教育家和作家，是笛卡尔理智主义的信徒。

② 格拉维纳（G. V. Gravina，1664 - 1718），意大利文学家和法学家。

③ 穆拉托里（L. A. Muratori，1672 - 1750），意大利学者和历史学家。

④ 博德默尔（J. J. Bodmer，1698 - 1783），瑞士历史学家和批评家。

⑤ 原文为拉丁文。

⑥ 原文为拉丁文。

⑦ 沙夫茨伯里（A. A. Shaftesbury，1671 - 1713），英国哲学家。

⑧ 哈奇森（F. Hutcheson，1694 - 1746），英国哲学家。

⑨ 休谟（D. Hume，1711 - 1776），英国哲学家、历史学家。

⑩ 伯克（E. Burke，1729 - 1797），英国政治家和作家。

阿利森等），一般说来，诸多关于美和趣味的"论文"（在那时数量倍增），莱辛和文克尔曼的历史理论及专著，有时从正面，有时从反面促使 18 世纪另一伟大美学作品——康德的《判断力批判》（1790 年）问世。康德（在第一个《批判》①产生怀疑后）在《判断力批判》中，发现美和艺术为一门特殊哲学学科提供论题，也就是发现审美活动的自主性。他反对功利主义者，认为美的愉悦无关利害（无关功利上的利害）；他反对理智主义者，认为美的愉悦无关概念；进而，他反对二者，认为美具有"目的形式却不代表目的"；他反对快乐主义者，认为美是"普遍愉悦的对象"。康德在本质上没有超越对美的概念的一般化、否定性的表述；正如在《实践理性批判》中，他拯救了道德法则，却没有超越责任的一般化形式。然而，他巩固的东西永远牢固；在《判断力批判》之后，虽说对艺术和美的快乐主义及功利主义的解释可能东山再起，并且已经发生此种情况，但仅仅由于对康德的论述一无所知和一窍不通。如果康德能将其美的理论（美的愉悦无关概念，美合目的性却不代表目的）同维科关于幻想逻辑的理论（虽说颇不完美、摇摆不定，却强劲有力）相结合，莱布尼茨主义和鲍姆加登主义，即艺术混乱或想象概念的学说就不会东山再起。当时，关于幻想逻辑的理论，在德国，由哈曼②和赫尔德以某种方式代表。然而，康德本人把智力和想象力相结合的能力归于天才，并把艺术同"纯粹美"相区分，当他把艺术界定为"依存美"时，就为"混乱概念"打开了大门。

在后康德哲学中，恰恰恢复了鲍姆加登的传统，重新把诗和艺术视为一种认识绝对或理念的形式，时而等同于哲学形式，时而低于哲学形式或成为哲学形式的准备形式，时而高于哲学形式，正如在谢林哲学（1800年）中那样。在谢林哲学中，诗和艺术变成绝对的器官。在该学派更丰富、更显赫的作品中，在黑格尔的《美学讲演录》（1818 年及其后）中，艺术和宗教及哲学在一起，都被移至"绝对精神领域"，在这一领域中，精神脱离经验认识和实践活动，乐于思考上帝或理念。在如此构成的三位一体中，第一环节是否就是艺术或宗教，这一点仍未确定，因为在这一点上，黑格尔本人对其学说的陈述变化不定；但确定无疑的是，艺术和宗教都在最后综合——哲学中被超越和确证。这也就是说，艺术被视为低级的

---

① 指 1781 年出版的《纯粹理性批判》。

② 哈曼（J. G. Hamannn, 1730－1788），德国哲学家。

或不完美的哲学、想象力丰富的哲学，存在内容同其不适应的形式之间的矛盾，只有哲学才能化解这一矛盾。黑格尔倾向于哲学体系及范畴辩证法同实际历史相吻合，这样他就得出艺术必亡的奇谈怪论，因为艺术这种形式不符合新时代的最高思想利益。

艺术作为哲学或直觉哲学或哲学象征的概念以及类似观念，存在于19 世纪前半叶的全部美学中，除去少数例外，如施莱尔马赫①在其《美学教程》（1825 年、1832～1833 年）中的论述，这些著作以粗制滥造形式流传下来。虽然这些著作提高了诗和艺术的地位，并且激情满怀，但它们所根据的那个做作的原则，就成为对美学反动的最后一个动因，这种反动在 19 世纪后半叶伴随着对康德后重要体系的唯心主义哲学的反动。当然，这种反哲学的运动有其意义，但它作为不满征兆和探索新道路的需要，却没有产生一种美学理论，以纠正以前美学理论的错误，并且发展以前的美学理论。一方面，这一反哲学运动是同继承思想传统的决裂；另一方面，又是一次解决美学问题的绝望努力，因为那都是些思辨问题，却想用经验科学方法去解决（如费希纳所为）；还有一方面，是快乐主义和功利主义美学的东山再起，也是功利主义的东山再起，这种功利主义沦为对遗产的联想主义、进化论和生物主义（如斯宾塞所为）。唯心主义的追随者（菲舍尔②、施拉斯勒③、卡里埃④、洛采⑤等）也没有提供任何有价值的东西；19 世纪前半叶其他学派的拥护者也是如此，正如那个自称"现实主义的"赫尔巴特学派（齐默尔曼⑥）所为。折中主义者和心理学派，正如其他人一样，努力探索两个抽象——"内容"和"形式"（内容主义者和形式主义者），有时他们论证内容和形式相结合，却未发现这样做就把两个非实在物变成第三个非实在物。这一时期对艺术的最佳沉思，不应到职业哲学家和美学家那里探寻，而要到诗歌和艺术的批评家那里探寻。正如在意大利到德·桑克蒂斯那里，

---

① 施莱尔马赫（F. Schleirmacher, 1768 – 1834），普鲁士神学家、古典语言学家。
② 菲舍尔（F. T. Vischer, 1807 – 1887），德国文学批评家和美学家。
③ 施拉斯勒（Schlasler, 1819 – 1903），德国哲学家、美学家。
④ 卡里埃（Carriere, 1817 – 1895），德国哲学家。
⑤ 洛采（R. Lotze, 1817 – 1881），德国哲学家。
⑥ 齐默尔曼（R. Zimmermann, 1824 – 1898），奥地利哲学家和美学家。

在法国到波德莱尔和福楼拜那里，在英国到佩特①那里，在德国到汉斯立克②和费德勒③那里，在荷兰到朱利叶斯·兰格那里探寻，诸如此类，不一而足。只有他们才减轻了实证主义哲学家的粗俗美学和所谓唯心主义者的费力空谈造成的痛苦。

在 20 世纪最初几十年，由于思辨思想的普遍复兴，美学交了好运。特别突出的是，将美学和语言学紧密结合，这是由于语音规则及类似抽象的自然主义及实证主义语言学深陷危机促成的。然而，近期产生的美学，恰恰因为是近期的，并在发展中，还不能在历史上确定地位并加以判断。

1928 年 3 月

---

① 佩特（W. Pater, 1839 –1894），英国批评家。
② 汉斯立克（E. Hanslick, 1825 –1904），奥地利著名音乐评论家和美学家。
③ 费德勒（K. Fiedler, 1841 –1895），德国哲学家和艺术批评家。

译后记

——为何重译《美学精要》

　　《美学精要》（*Aesthetica in nuce*）是克罗齐于 1928 年为《不列颠百科全书》第四版撰写的"美学"条目，是克罗齐继《作为表现科学和普通语言学的美学》（1902 年）和《美学纲要》（1913 年）后又一部美学理论力作。《美学精要》是对克罗齐美学思想的简明、全面的概述，是对其美学理论和文艺批评及文艺史方法论的发展及深化。艺术作为独立的精神形式，美学作为哲学学科，艺术与语言、艺术与修辞学、艺术与哲学、诗人与社会及历史的诸多关系，美学简史，克罗齐对这些美学问题全都做了清晰、透彻的阐述。黄文捷先生首译《美学精要》功不可没（他译作《美学核心》，收入《美学或艺术和语言哲学》，中国社会科学出版社 1992 年版，以下简称黄译本），但因种种原因，出现一些误译，因此有必要重译，笔者所依蓝本为意大利 Editori Laterza 1979 年版（以下简称意文版）。

　　黄文捷先生译文的主要错误如下：

　　1. 意文版第 1 页：immagini.

　　黄译本第 1 页：形象。

　　现译：意象。

　　朱光潜先生最早将 immagini 译成意象，作为美学范畴，意象比形象更贴切，因为意象的含义是意境。此外，在意大利语中，形象用 figure。

　　2. 意文版第 11 页：（拉丁文）*delphinus in silvis*，*aper in fluctibus*.

　　黄译本第 5 页：树木郁郁葱葱，果园繁花似锦。

　　现译：森林中的海豚，海洋里的野猪。

　　3. 意文版第 14 页：Anche da questa differenza deriva l'altro carattere（che è poi sinonimo，al pari del precedente，dell' espressione poetica），la

sua "infinità", contrapposta alla "finità" del sentimento o della passione immediata：il che si chiama anche il carattere "universale" o "cosmico" della poesia.

黄译本第 7 页：从上述差别中也可以引申出另一个特征（这一特征和前者一样，也是诗的表现的同义语），亦即表达直接情感或激情的"无限性"，这一"无限性"同表现的"有效性"恰恰是对立的，这也就是人们所说的诗的"普遍性"或"宇宙性"。

现译：另一特性也源于该差异（该特性和前者一样，也是诗的表现的同义词），即诗的表现的"无限性"，同直接情感或激情的"有限性"相对立，这种特性也被称作诗的"普遍性"或"世界性"。

这里，克罗齐做出对比：诗的表现的"无限性"（la sua "infinità"），诗的"普遍性"或"世界性"（il carattere "universale" o "cosmico" della poesia）；直接情感或激情的"有限性"（la "finità" del sentimento o della passione immediata）。黄文捷先生的译文同克罗齐的原文"南辕北辙"：表达直接情感或激情的"无限性"；表现的"有限性"。

4. 意文版第 20 页：il quale non è il linguaggio，ma non è mai senza linguaggio，e adopera il linguaggio che la poesia ha essa creato.

黄译本第 10 页：这种思维不是语言，但是从来不能没有语言，这种逻辑思维采用创造诗的语言。

现译：思维逻辑不是语言，但从来不能没有语言，并且使用诗创造的语言。

这里，原文（从句）中明确写道：主语 la poesia（诗），为了强调，还添加代词 essa（它 = 诗，因为数和性同 poesia 一致）；谓语 ha creato（创造）。

黄译本所说"创造诗的语言"是什么语言？该语言又是谁创造的（主语是谁）？

参见克罗齐的《美学的理论》（中国人民大学出版社 2014 年版）第 21 页："诗是情感的语言，散文是理智的语言；但由于理智在其具体性与实在性上也是情感，因此所有散文都有诗的层面"；"没有散文，诗可存在；但没有诗，散文却不可存在。诗是'人类的母语'，原始人'天生是卓越诗人'"。

由此可见，克罗齐的美学思想是一以贯之的：诗是人类的母语，散文离不开诗，逻辑思维使用诗创造的语言。

5. 意文版第 20 页：（拉丁文）il *famulus* di Faust.

黄译本第 11 页：浮士德的法姆路斯。

现译：俯首听命的浮士德。

6. 意文版第 20 页：（德文）*grillenhafte Stunden*.

黄译本第 11 页：怪癖的念头。

现译：忧郁时光。

7. 意文版第 22 页：Ora, l'*apriori* non sta mai per sé.

黄译本第 11 页：这种先验性的东西从来是本身就具备的。

现译：其实，这种先天性从未自己存在。

这里，黄文捷先生遗漏了一个词"non"（不），从而同原文"南辕北辙"。

8. 意文版第 23 页：così l'*apriori* logico dell'arte non esiste altrove che nei particolari giudizi che esso ha formati e forma.

黄译本第 11 页：因此，艺术的逻辑先验性不存在于任何别的地方，它只存在于艺术本身所形成的具体判断。

现译：艺术的逻辑先天性不存在于其他地方，只存在于它形成的特殊判断中。

黄译本的错误在于将代词 esso（它）译成艺术，esso ≠ arte（艺术），esso = essa，因为 esso 是阳性、单数代词，而 arte 是阴性、单数名词，只能用 essa（阴性、单数代词）替代。由此可见，它只能是（艺术的）逻辑先天性。

9. 意文版第 25 页：E chi reputi fallaci e oltrepassate coteste concezioni filosofiche del positivismo…non si attarderà a confutare …non considererà…

黄译本第 13 页：那种认为上述实证主义……的哲学概念是虚假的人，也会毫不迟疑地批驳……，这种理论将不会认为……

现译：而认为实证主义……的哲学观念虚假、过时的人们，却毫不迟疑地批驳……，他们不认为……

这个复句的主语是 chi（人们），两个谓语是 non si attarderà a confutare（毫不迟疑地批驳）和 non considererà（不认为）。原文中没有第二个主语——这种理论。

10. 意文版第 32 页：I trattati di tecnica non sono trattati di Estetica.

黄译本第 17 页：技术条件不是美学条件。

现译：技术著作不是美学著作。

在意大利语中，条件是 condizioni。

11. 意文版第 34 页：gli oggetti artistici.

黄译本第 17 页：艺术客体。

现译：艺术载体。

因为，艺术客体相对于艺术主体而言，那么，谁是艺术主体呢？

克罗齐写道："因此，交流工作，即对艺术意象的保存和传播，受技术指导，产生物质载体，也就是人们打比方说的'艺术品'或'艺术作品'。"由此可见，克罗齐所说的"艺术载体"就是人们通常所说的"艺术品"或"艺术作品"。

12. 意文版第 36~37 页：ma varia non già secondo i concetti tecnici delle arti，sibbene secondo l'infinita varietà delle personalità artistiche e dei loro stati d'animo.

黄译本第 19 页：但是，艺术的变化不是根据艺术的技术观念，而是根据艺术个性和艺术精神状态的千变万化。

现译：但艺术的变化无穷不是根据各种艺术的技术概念，而是根据艺术家的变化无穷的个性及其精神状态。

这里，误译的关键是将 artistiche 译成"艺术的"，而实际含义是"艺术家的"。形容词 artistiche 具有两个含义：艺术的、艺术家的，这要根据具体语境"二者选一"。

13. 意文版第 41 页：dunque，non si distinguono dalla prima se non in cose estrinseche.

黄译本第 22 页：因此，史诗和悲剧同抒情诗是没有区别的，除非是在美学问题方面。

现译：由此可见，史诗和悲剧同抒情诗别无二致，除非在外在方面。

黄译本自相矛盾：先说没有区别，又说在美学问题方面有区别（这才是本质性区别）。犯错的原因在于将形容词 estrinseche（外在的）看成 estetiche（美学的）。

14. 意文版第 50 页：Ma ciò non toglie che…，e che…

黄译本第 27 页：这并不等于否认……，也不是说……

现译：然而，这一切并未否定……，也未否定……

黄译本的错误在于"也不是说"，等于否定；实际上是肯定（也未否定）。这个复句有一个主句：Ma ció non toglie（这一切并未否定）；两个从句用连词 che 相连。

15. 意文版第 57 页：Cartesio.

黄译本第 30 页：卡尔泰西奥。

现译：笛卡尔（法国著名哲学家和数学家）。

16. 意文版第 58 页：né sistematici nell'estrinseco.

黄译本第 31 页：这些书籍也不能归属到其本体以外的系统中去。

现译：这些著作外在地看不成体系。

黄译本不知所云，主要是对 estrinseco（外在方面）的含义没有把握。

17. 意文版第 64 页：fantasia, è tanto più forte quanto più è libera di raziocinio, suo nemico e dissolvitore.

黄译本第 35 页：而幻想越是强大，推理也就越是自由，而推理正是诗的逻辑的对头和溶化剂。

现译：幻想越是摆脱推理，其力量就越强大，因为推理是幻想的敌人和摧毁者。

黄译本的错误有三：（一）因果关系颠倒，quanto più⋯是因，tanto più⋯是果。如 quanto più lo interrompevano, tanto più si innervosiva. 越打断他，他越恼火。（二）libera（自由的）是阴性、单数形容词，不能修饰raziocinio（推理），因为它是阳性、单数名词，只能修饰 fantasia（幻想）这个阴性、单数名词。（三）诗的逻辑，是译者添加，因为前面有 fantasia（幻想），后面的物主代词 suo（它的）只能是"幻想的"。由于上述三个错误，致使译文同原文大相径庭，不合逻辑。

18. 意文版第 67 页：Ma egli stesso riaprivale porte al "concetto confuso", quando attribuva al genio la virtù di combinare intelletto e immaginazione, e distingueva l'arte dalla "pura bellezza", definendola "bellezza aderente".

黄译本第 37 页：但是，当维科认为把智力和想象力结合起来的才能是天才，并把"纯粹的美"的艺术加以突出，称之为"符合人们口味的美"时，他自己却又为"模糊概念"敞开了大门。

现译：然而，康德本人把智力和想象力相结合的能力归于天才，并把艺术同"纯粹美"相区分，当他把艺术界定为"依存美"时，就为"混乱概念"打开了大门。

首先，黄译本把这段话的主语搞错，因为原文中没有名词：Kant,

Vico（康德、维科），只有人称代词 egli（他），这就需要根据具体语境确定"他"指谁。

上述复句处于该自然段的结尾，前面出现"康德"三次，没有出现"维科"，只出现形容词"维科的"（la teoria vichina，维科的理论），因此"他"不可能指维科，只能指康德。此外，将艺术同"纯粹美"相区分，把艺术界定为"依存美"，都是康德的美学思想，与维科的理论风马牛不相及。这也反映出译者对康德和维科的美学思想缺乏深入了解。

19. 意文版第 68 页：e si beatifica nel pensiero di Dio o dell'Idea.

黄译本第 37 页：满足于上帝的思维或思想。

现译：乐于思考上帝或理念。

20. 意文版第 68 页：la dialettica delle categorie.

黄译本第 38 页：种种类别的辩证。

现译：诸多范畴的辩证法。

21. 意文版第 70 页：Essi solo veramente consolano delle trivialità estetiche dei filosofi positivistici e della faticosa vacuità dei cosiddetti idealisti.

黄译本第 39 页：只有他们才是真正能够摆脱实证主义哲学家们的美学三位一体论，真正能够摆脱所谓唯心主义者的吃力不讨好的做法。

现译：只有他们才减轻了实证主义哲学家的粗俗美学和所谓唯心主义者的费力空谈造成的痛苦。

黄译本的主要错误是将 trivialità（粗俗、庸俗）译成"三位一体论"。在意大利语中，"三位一体"是 trinità。

黄文捷先生是我敬重的一位资深意大利语翻译家，他为读者奉献出不少优秀的意大利文学译著（如《神曲》《泽诺的意识》《苦难情侣》）。出现上述错误，主要由于其哲学知识不足。正如克罗齐所说，美学是哲学学科；因此，要想译好克罗齐的美学著作，光靠意大利语和汉语的高深造诣是不够的。

2016 年 1 月 15 日

克罗齐生平著作年表

1866 年

2 月 25 日，贝内德托·克罗齐（Benedetto Croce）出生于阿奎拉的佩斯卡塞罗利的名门望族。祖父贝内德托·克罗齐是那不勒斯大学法律系毕业生，后任波旁王朝大法官。父亲帕斯卡莱·克罗齐是个富有的资产者。母亲路易莎·希帕莉是个很有文化教养的妇女。克罗齐受家庭尤其是母亲的影响很大。后来他回忆道："我的家庭为我树立了和睦、井井有条和勤劳不懈的榜样：父亲整日关在书房里，处理着公文；母亲起得最早，天刚破晓就东奔西忙，帮女仆料理家务。"

1875 ~ 1883 年

入那不勒斯"上帝之爱"公学学习。在整个童年时代，表现出重视和酷爱历史和文学的倾向。在公学的最后三年，其宗教信仰发生动摇；像患了脏病，在家注意掩饰，对朋友耻于启口。上高中时，就到那不勒斯大学听堂叔贝尔特兰多·斯帕文塔讲授黑格尔逻辑学。1882 年 9 ~ 11 月，撰写文学批评文章，发表在《意见》杂志文学副刊上。此时，反复阅读意大利文学批评家德·桑克蒂斯和诗人卡尔杜齐的作品。

1883 年 7 月 28 日，正值他同家人在伊斯基亚岛上度假，突发的地震夺去双亲和姐姐的生命。他被埋于瓦砾之中，受了重伤。这场灾难之后，移居罗马堂叔西尔维奥·斯帕文塔（著名自由派政治家）家，堂叔成了克罗齐及弟弟的监护人。

1883 年

罗马居住前期，是其一生最痛苦、灰暗的时期。失去亲人、前途未卜、郁郁寡欢，使他对生活失去信心，常常夜晚蒙头大睡，清晨不起，甚至萌生过自杀的念头。其后克服了精神危机，到罗马大学法律系学习。

1884 年

1~2 月，结识罗马大学教授安东尼奥·拉布里奥拉。他对拉布里奥拉讲授的赫尔巴特伦理学十分感兴趣："那些课程以理性形式恢复了我对生活的信心，对生活目的和责任的信仰。"他在罗马大学并不专注听课，也不参加考试，而是经常去图书馆博览群书，研究自己喜欢的题目。

1886 年

移居那不勒斯。开始出入文艺沙龙。

1887 ~ 1892 年

赴德、奥、法、荷、西、葡六国考察。开始从事历史研究。1892 年完成《1799 年那不勒斯革命》《那不勒斯的历史与传说》《巴罗克时代的意大利》《从文艺复兴至十八世纪末那不勒斯戏剧》等著作。

1892 年

4 月，在《那不勒斯邮报》编辑部结识诗人卡尔杜齐。首次也是唯一一次会见作家邓南遮。

1893 年

论文《艺术普遍概念下的历史》发表。

1895 年

论文《文学批评及其在意大利的条件》《关于文学批评》发表。拉布里奥拉将《论〈共产党宣言〉》手稿寄给他，他资助出版该书。中止历史研究，致力于经济学研究。为索列尔主编的《社会变化》杂志撰写系列论文，阐述对马克思主义的理解。

1896 年

5 月 3 日，在彭塔亚纳学院宣读论文《论历史唯物主义的科学形式》。

社会党机关报《前进报》创刊，在赞助者名单上列有克罗齐。在反实证主义的斗争中，结识比萨师范学院学生金蒂莱，并开始合作关系。

1897 年

发表论文《对一些马克思主义概念的解释与批判》。参加关于"马克思主义危机"的辩论，批判"马克思的历史概念与经济概念"。

1898 年

8 月，致函帕累托谴责米兰法庭对社会党领袖屠拉蒂及其他社会党人的起诉。其后，在复活节期间，给屠拉蒂寄贺卡，被当局扣押，为此在那不勒斯《晨报》上刊登抗议书。

1899 年

在佩鲁贾结识德国语文学家卡尔·沃斯勒。

1900 年

在彭塔亚纳学院学报上发表论文《作为表现科学和普通语言学的美学的基本论点》。

1901 年

结识普利亚年轻的出版家拉泰尔扎。担任那不勒斯市政府公共教育专员。

1902 年

4 月，《作为表现科学和普通语言学的美学》（《精神哲学》第一卷）出版。

11 月，宣布创办文史哲杂志《批判》。

1903 年

1 月 20 日，《批判》杂志创刊。确定办刊宗旨，首先介绍意大利近代文化成果，由金蒂莱研究 1850 年以后的意大利哲学史，由克罗齐研究同期的文学史。在《批判》杂志编辑部的勤奋工作，使他心境平和、精神愉快。同时还积极从事政治活动，担任人民陪审员。他在致友人的信中说："当你面对着贫困与人的腐败，当你因自己的言辞而将人判以重刑，你就能理解托尔斯泰。而当你看到一个个证人登场亮相，倾听一个个律师慷慨激昂的辩护词时，就会像维科一样，不再相信历史的真实性。"

1905 年

4 月，在彭塔亚纳学院学报上发表《作为纯概念科学的逻辑学概要》。

1906 年

随着《批判》杂志的发行，克罗齐重视对欧洲哲学思潮的介绍和本国文化遗产的挖掘。先后编辑出版四套丛书：《现代文化书库》《现代哲学经典》《意大利作家丛书》和《外国作家丛书》。克罗齐的《黑格尔哲学中的活东西和死东西》出版。

1907 年

翻译并出版黑格尔的《哲学全书》。在彭塔亚纳学院学报发表《将法哲学复归经济哲学》。文德尔班邀请克罗齐参加哲学大会。

1908 年

参加在海德堡召开的哲学大会，宣读报告《艺术直觉的抒情性》。《作为表现科学和普通语言学的美学》修订版出版，删除自然主义和康德主义的残余影响。《实践哲学——经济学与伦理学》（《精神哲学》第二卷）出版。

1909 年

《作为纯概念科学的逻辑学》（《精神哲学》第三卷）出版，这是论文《作为纯概念科学的逻辑学概要》的扩展与深化。发表小册子《金蒂莱事件与意大利大学的耻辱》，抗议那不勒斯大学拒绝让金蒂莱任哲学史教授。

1910 年

1 月 26 日，任意大利王国参议员。

1911 年

专著《维科的哲学》和《美学论文集》出版。

1912 年

在彭塔亚纳学院学报上发表关于历史理论的首批论文。

1913 年

《美学纲要》出版。多年的生活伴侣安杰莉卡去世，克罗齐十分悲痛，他在致友人的信中说："请允许我思念她，她是那么善良；思念她，在这痛苦的时刻：我肝肠寸断、寝食不安。我们不能仅靠对人与物的爱活着，我们应相爱并结合，但要准备好不因分离而跌倒。为了不跌倒，只有弘扬自身的人生责任感。否则还会有什么呢？可耻的自杀和卑劣的癫狂。"在《呼声》杂志上发表《哲学家朋友间的争论》，将同金蒂莱的分歧公开化。

1914 年

3 月 7 日，同罗希结婚。她是位都灵大学生，1913 年为准备毕业论文来那不勒斯请克罗齐指导。他们育有一男四女（男孩因患肺炎在襁褓中夭折）。

1914 ~ 1915 年

在关于第一次世界大战意大利是否参战的争论中，站在"中立主义者"一边，反对"干涉主义者"。

1915 年

《历史学的理论和历史》（《精神哲学》第四卷）用德文出版。长篇论文《自我评论》发表。《批判》杂志开始连载《伦理学拾零》。

1915 ~ 1918 年

在第一次世界大战期间撰写的文章，以《战争书稿》集册。

1916 年

《历史学的理论和历史》意文版印行。

1919 年

《爱国者家庭及其他》出版。

1920 年

《阿里奥斯托·莎士比亚·高乃依》出版。6月，在第五届焦利蒂内阁中任教育大臣。他对这一任职"并未感到不悦"："我仿佛在服迟到的兵役，部分弥补战争期间我过于舒适的条件，即使并未享受"；"公共事务令人生畏，因为它不仅属于祖国，而且属于整个世界"。作为内阁大臣，对教改方案持怀疑态度。

1921 年

5月大选后，焦利蒂内阁倒台。克罗齐返回那不勒斯，重搞学术。

1922 年

《但丁的诗》和《伦理学拾零》出版。开始，对法西斯主义持观望态度，甚至抱有幻想："当时仿佛有一股新的年轻的力量投入意大利政治生活，给被长期战争搞得贫乏衰竭的政治阶级注入新的血液。当时鲜为人知的墨索里尼，被描述成一个暴烈的平民，但又是一位大公无私的爱国志士。"法西斯掌权后，拒绝担任任何公职。

1923 年

最初几月，在那不勒斯《晨报》上声明："我的思想与伦理存在都源于民族复兴运动的自由传统。"

1924 年

社会党议员马泰奥蒂被暗杀，阿文蒂诺抵抗议会成立后，力劝反对派领袖阿门多拉重返议会。当墨索里尼声言"要恢复宪法准则"后，克罗齐在参议院对政府投信任票。主要是他误以为墨索里尼对暗杀马泰奥蒂不负责任，轻信法西斯党魁要恢复宪法权威的谎言。另外怕分裂激怒法西斯，造成对自由的危险。克罗齐加入自由党，参加党代表大会，会上呼吁立法自由。《政治概要》出版。

1925 年

1 月 3 日法西斯政变后，墨索里尼实行恐怖政策。5 月 1 日，应阿门多拉之邀，撰写《反法西斯知识分子宣言》，并征集数百知识界著名人士签名，在《世界报》和其他大报上发表。6 月 28 日，在自由党代表大会上发言："我们不应对斗争结果和可能尽快获胜抱有幻想，而应守住阵地并战斗不懈。"11 月 20 日，在参议院投票通过反共济会法时弃权。《那不勒斯王国史》出版。

1926 年

克罗齐所任一切官方学术机构头衔被取消。秘密警察监视克罗齐，官方媒体声讨克罗齐，11 月 1 日晚，法西斯匪徒闯入克罗齐住所捣乱。这一暴行遭到国际舆论一致谴责。

1927 年

《旧意大利的人与物》出版。

1928 年

《1871～1915 年意大利史》印行三版，大获成功，招致官方舆论的恶毒攻击。《美学精要》和《政治生活的道德性》出版。

1929 年

《意大利巴罗克时代的历史》和《理想的国家与教会及它们在历史上的持续斗争》出版。5 月 24 日，在参议院辩论时反对法西斯政权同梵蒂冈缔结拉特兰条约。墨索里尼辱骂克罗齐是"历史上的逃兵"。

1930 年

在法西斯统治年代到国外旅行，先后去柏林、巴黎、伦敦、比利时和瑞士等地，会见反法西斯文化名人。这年在牛津会见苏联美学家卢那察尔斯基。

1931 年

在德国旅行期间，同托马斯·曼和爱因斯坦建立友谊。游览意大利中北部文化名城。《伦理与政治》和《十七世纪意大利文学新论丛》出版。

1932 年

题献给托马斯·曼的《十九世纪欧洲史》出版。

1933 年

论文《民间诗与艺术诗》发表和专著《十四—十六世纪意大利诗歌研究》出版。

1935 年

《近期论文》和《文明史和文学史的差异》出版。

1936 年

《诗歌》《诗和文学的批评及历史的导言》《冒险、信仰、激情的生活》出版。

1938 年

《作为思想和行动的历史》出版，这是继《历史学的理论和历史》之后又一部关于历史理论的力作。

1941 年

《现代哲学的特征》《古代诗与现代诗》出版。

1942 年

《各种文学趣闻》出版。

1943 年

建议重建意大利自由党。9 月 22 日，向美军杜诺万将军建议组建意大利志愿军，协同英美联军作战。10 月 14 日，应杜诺万将军之邀，起草征集志愿军宣言。积极主张废黜国王，让王室成员流亡国外。

1944 年

1 月，参加在巴里召开的解放委员会第一次代表大会，并作《在世界自由中的意大利自由》的报告，宣扬自由高于一切，号召发扬马志尼、加富尔的自由主义传统，建立资产阶级共和国。在 4 月组成的首届民主内阁中任不管部部长。6 月 4 日，重建的自由党第一次代表大会召开，克罗齐致闭幕词。

1945 年

《各种哲学讲演录》和《文艺复兴盛期和晚期的诗人和作家》（两卷）出版。

1945 ~ 1951 年

整理出版《批判笔记》，每年出三期。

1946 ~ 1947 年

《政治思想与政治现状》和《意大利一截两段》出版。反对三党（天民党、社会党、共产党）联合政府。

1947 年

2 月 16 日，在那不勒斯创建意大利历史研究所，并作报告《历史的近代概念》。为大学师生组织多次学术报告会，其后这些报告汇编成《历史学和道德理想》。11 月 30 日，辞去自由党主席职务。

1948 年

被共和国总统任命为终身参议员。《新拾零集》（两卷）、《意大利政治生活双年》出版。

1949 年

7 月 29 日，从那不勒斯抵罗马，在参议院投票支持意大利加入北约。《哲学与历史学》、《文明史和文学史的差异》（第二卷）、《十八世纪意大利文学》出版。

1950 年

2 月，右半边身子突然麻痹，但头脑清醒。《解读诗人和诗歌理论及历史的思考》出版。加紧整理未发表的文稿，并决定将自己的私人图书馆捐赠给意大利历史研究所。

1951 年

12 月 8 日，发贺信祝贺自由党代表大会在都灵召开。

1952 年

《文艺复兴盛期和晚期的诗人和作家》（第三卷）、《黑格尔研究与哲学解释》出版。另外，发表 70 张哲学卡片，这是生命的最后几个月写的。11 月 20 日清晨逝世，享年 86 岁。

社科文献学术译库书目

阿玛蒂亚·森/让·德雷兹

 《印度：经济发展与社会机会》   35.00 元

阿玛蒂亚·森/让·德雷兹

 《饥饿与公共行为》   35.00 元

阿玛蒂亚·森

 《论经济不平等/不平等之再考察》   48.00 元

阿玛蒂亚·森/玛莎·努斯鲍姆

 《生活质量》   68.00 元

曼纽尔·卡斯特

 《网络社会的崛起》   59.00 元

曼纽尔·卡斯特

 《认同的力量》（第二版）   59.00 元

曼纽尔·卡斯特

 《千年终结》   45.00 元

孙伟平 选编

 《罗蒂文选》   53.00 元

涂纪亮 编

 《皮尔斯文选》   49.00 元

涂纪亮 编

 《杜威文选》   49.00 元

万俊人 陈亚军 编

 《詹姆斯文选》   59.00 元

李国山 编

 《刘易斯文选》   45.00 元

伊曼纽尔·沃勒斯坦

 《转型中的世界体系——沃勒斯坦评论集》   49.00 元

费尔南·布罗代尔

　　《地中海考古》　　　　　　　　　　　　　　　49.00 元

山口重克

　　《市场经济：历史·思想·现在》　　　　　　　35.00 元

莱斯特·M. 萨拉蒙等

　　《全球公民社会——非营利部门视界》　　　　　59.00 元

雷蒙·阿隆/丹尼尔·贝尔

　　《托克维尔与民主精神》　　　　　　　　　　　49.00 元

詹姆斯·M. 布坎南/罗杰·D. 康格尔顿

　　《原则政治，而非利益政治》　　　　　　　　　39.00 元

詹姆斯·S. 科尔曼

　　《社会理论的基础》（上、下）　　　　　　　125.00 元

速水佑次郎/神门善久

　　《发展经济学》（第三版）　　　　　　　　　　59.00 元

理安·艾斯勒

　　《国家的真正财富：创建关怀经济学》　　　　　39.00 元

理安·艾斯勒

　　《圣杯与剑：我们的历史，我们的未来》　　　　49.00 元

理安·艾斯勒

　　《神圣的欢爱：性、神话与女性肉体的政治学》　68.00 元

安东尼·吉登斯

　　《超越左与右——激进政治的未来》　　　　　　39.00 元

露丝·本尼迪克特

　　《文化模式》　　　　　　　　　　　　　　　　29.00 元

涂纪亮　编

　　《莫里斯文选》　　　　　　　　　　　　　　　58.00 元

杜丽燕　余灵灵　编

　　《布里奇曼文选》　　　　　　　　　　　　　　49.00 元

李真　编

　　《普特南文选》　　　　　　　　　　　　　　　69.00 元

丁东红　编

　　《米德文选》　　　　　　　　　　　　　　　　68.00 元

约翰·H. 杰克逊

　　《国家主权与WTO——变化中的国际法基础》　59.00 元

卡尔·雅斯贝尔斯
　　《大哲学家》　　　　　　　　　　　　　　　　98.00 元
H. 孟德拉斯
　　《农民的终结》　　　　　　　　　　　　　　　35.00 元
齐格蒙特·鲍曼/蒂姆·梅
　　《社会学之思》（第二版）　　　　　　　　　　29.00 元
汤姆·R. 伯恩斯等
　　《经济与社会变迁的结构化》　　　　　　　　　59.00 元
尤尔根·哈贝马斯
　　《理论与实践》　　　　　　　　　　　　　　　49.00 元
马克斯·韦伯
　　《新教伦理与资本主义精神》（罗克斯伯里第三版）　45.00 元
克里斯托弗·戴尔
　　《转型的时代——中世纪晚期英国的经济与社会》　49.00 元
吉尔贝·李斯特
　　《发展的迷思——一个西方信仰的历史》　　　　59.00 元
佩里·安德森
　　《思想的谱系——西方思潮左与右》　　　　　　59.00 元
尤尔根·哈贝马斯
　　《重建历史唯物主义》　　　　　　　　　　　　59.00 元
何伟亚
　　《英国的课业：19 世纪中国的帝国主义教程》　　69.00 元
唐纳德·萨松
　　《欧洲社会主义百年史——二十世纪的西欧左翼》（上、下册）
　　　　　　　　　　　　　　　　　　　　　　　189.00 元
柯文
　　《历史三调：作为事件、经历和神话的义和团》　89.00 元
卢卡奇
　　《审美特性》（上、下册）　　　　　　　　　　289.00 元
V. 帕累托
　　《普通社会学纲要》　　　　　　　　　　　　　98.00 元
何伟亚
　　《怀柔远人：马嘎尔尼使华的中英礼仪冲突》　　59.00 元

迈克尔·沃尔泽

　　《正义与非正义战争——通过历史实例的道德论证》　　78.00 元

C. I. 刘易斯

　　《对知识和评价的分析》（修订版）　　98.00 元

芮乐伟·韩森

　　《开放的帝国：1600 年前的中国历史》　　79.00 元

贝内德托·克罗齐

　　《美学纲要　美学精要》　　59.00 元

图书在版编目（CIP）数据

美学纲要·美学精要／（意）贝内德托·克罗齐
（Benedetto Croce）著；田时纲译. -- 北京：社会科
学文献出版社，2016.9
（社科文献学术译库）
ISBN 978 - 7 - 5097 - 9606 - 1

Ⅰ.①美… Ⅱ.①贝… ②田… Ⅲ.①美学 Ⅳ.
①B83

中国版本图书馆 CIP 数据核字（2016）第 196668 号

·社科文献学术译库·

美学纲要 美学精要

著 者／〔意〕贝内德托·克罗齐（Benedetto Croce）
译 者／田时纲

出 版 人／谢寿光
项目统筹／祝得彬 刘 娟
责任编辑／刘 娟

出 版／社会科学文献出版社·当代世界出版分社（010）59367004
地址：北京市北三环中路甲 29 号院华龙大厦 邮编：100029
网址：www.ssap.com.cn
发 行／市场营销中心（010）59367081 59367018
印 装／北京季蜂印刷有限公司

规 格／开 本：787mm × 1092mm 1/16
印 张：9.75 字 数：160 千字
版 次／2016 年 9 月第 1 版 2016 年 9 月第 1 次印刷
书 号／ISBN 978 - 7 - 5097 - 9606 - 1
定 价／59.00 元